Astro- und Erdmagie

Hermes Trismegistos

Mein Dank geht an Peter Windsheimer für das Design sämtlicher Bilder, des Weiteren an Ariane und Michael Sauter.

Herstellung und Verlag:
BoD – Books on Demand, Norderstedt.
ISBN: 9783748191643

Inhaltsangabe:

Die Theorie und Praxis:

Zur Erklärung:

Wir veröffentlichen bewusst nicht das mangelhafte Vorwort aus Wilhelm Quintscher Übersetzung des Buches „Astro- und Erdmagie", weil er, und das betonen wir an dieser Stelle ausdrücklich, nie und nimmer Herr seiner Sinne war. Er nahm nachweislich Drogen, versuchte damit gewaltsam einen Astralaustritt hervorzurufen und hatte deswegen schon einen Herzfehler. Aber noch schlimmer ist, dass man sich bekanntermaßen durch den Drogenkonsum stark geistig-seelisch verändert, sich nicht mehr unter Kontrolle hat und den Unterschied zwischen rechts und links nicht kennt. Deswegen nannte ihn Anion Rah-Omir-Haschisch. Man wird dadurch zur Zielscheibe der Schemen, Dämonen und anderer Mächte, die nur dem Zerfall dienen.

Von diesen *Mächten* möchte ich nun berichten, aber nicht mit unseren eigenen Worten, sondern ich zitiere aus der Zeitschrift „Psychische Studien" (40. Jahrgang 1913) den Aufsatz „Innere und äußere Analogie – Eine Besprechung der Werke von H. Haug´s – von Werner Friedrichsort", den ich für sich selbst sprechen lassen möchte:

„Kennte ich mich selber, wie ich sollte, so hätte ich die tiefste Erkenntnis aller Kreaturen. Niemand kann Gott erkennen, der sich nicht zuerst selbst erkennt." Dieser Ausspruch Meister Eckhart´s sagt in tieferem Sinne das Gleiche, was im Allgemeinen schon Protagoras ausgesprochen hat: „Der Mensch ist das Maß aller Dinge." In dieser Form wird die Erkenntnis dem deduktiv Forschenden, dem Mathematiker, während dem intuitiven Seher, dem Künstler die Eckhart´sche Überzeugung sich aufdrängt und sich ihm sogar bis zu der ganz bestimmten Gestalt durchbildet, dass er mit Swedenborg sagt: „Die Welt hat die Form eines Menschen," welche den Lebensbaum bildet!

Wir nennen eine solche künstlerische Weltanschauung mit Recht eine organische; sie erscheint nur jenem unbegreiflich, der nicht imstande ist, in der äußeren Mechanik des Kosmos das erste innere Gesetz alles Daseins, das der Analogie klar zu erkennen. Die Gegenwart ist ja allerdings befangen in einer durchaus mechanischen Auffassung des Weltganzen; zu einer solchen Zeit klingen dann freilich Worte die einst als Träger der höchsten Weisheit angesehen wurden, unverständlich, ja unverständig. Ich führe als Beispiel an die Einleitung der „Tabula Smaragdina": „Das Untere ist gleich dem Oberen und das Obere ist gleich dem Unteren" und den Inhalt der memphitischen Tafel: „Himmel oben, Himmel unten; Sterne oben, Sterne unten; alles oben, alles dieses unten; dieses nimm und werde glücklich!"

Und doch sind nur aus der Überzeugung von der Übereinstimmung aller kosmischen Gesetze von jeher alle großen Entdeckungen möglich geworden; das bedeutendste Beispiel hierzu gibt die Geschichte der Astronomie in der Entwickelung der Keppler'schen und Newton'schen Gesetze. Nur wem die Weltanschauung zu eigen geworden ist, dass das Sichtbare die Darstellung des Unsichtbaren ist, dass diese Darstellung nach ewig gleichmäßigen, unerschütterlichen Gesetzen sich vollzieht, wer von dem Bewusstsein des einheitlichen Prinzips des sich in aller Erscheinung Manifestierenden durchdrungen ist, dem wird das genauere Begreifen zuteil: „Am farbigen Abglanz haben wir das Leben."

Wie verschieden uns auch die Farben dieses Regenbogens erscheinen, in denen das Auge bei der beständigen Flucht aller Dinge einen Ruhepunkt findet, eine Ursache nur haben sie: sie alle sind bedingt durch ein gleiches Gesetz; die Einheit dieses Gesetzes schaut der Seher in all und jeder Erscheinung. Ihm offenbart sich die Analogie mit dem Leben des Menschen in dem Wechsel der Jahreszeiten, im Leben eines Jahres nicht minder deutlich, wie in den Phasen eines einzigen Tages, die im Morgen, Mittag, dem Abend und der Nacht den gleichen Rhythmus wiederholen, wie wir ihn in Kindheit und Jugend anschwellen und im Marines- und Greisenalter zurückebben sehen. Er sieht die gleiche Kraft, die im Blute in den verschiedenen Zellen des Körpers je nach ihrer Natur, bald in Festigkeit in den Knochen, Nerventätigkeit in den Gehirnzellen, Muskelkraft im Fleische prismatisch sich zerlegt, in dem Erdenblute, der Atmosphäre in gleicher Weise weiterwirken. Auch hier bricht sich der gleiche Strom an der prismatischen Natur der Körper, setzt sich hier in Wärme, dort in Elektrizität um und lässt im Pflanzen- und Tierreiche chemische Prozesse entstehen. Er erkennt den gleichen Kraftstrom im Sonnenlichte wieder und schließt auf ein gleiches prismatisches Zerlegen des überall gleichartig hineinflutenden Universallebens je nach der Natur der Weltkörper in ein eigentümliches Planetenleben. In gleicher Weise, wie in diesem Organismus die Einzelzellen sich zu Gruppen vereinen, diese zu Systemen und Organen sich zusammenschließen, so sieht er, wie die einzelnen Individuen der belebten und unbelebten Natur in ihrer Gesamtheit nur Organe des Planeten bilden, und in analoger Weise, wie die Knochen-, Nerven- und Muskelzellen den Körper, so das feste Grundgerüst und die

Weichteile der Erde aufbauen. Ihm ist diese selbst nicht mehr das tote Sphäroid, das sich nach unbegreiflichen Gesetzen um einen anderen toten Körper dreht, sondern seinem künstlerischen Auge wird sie zur „Mutter" Erde, zum beseelten Organismus, der in der „Brudersphären Wettgesang" seine gewollte Bahn vollendet.

Solche Anschauung ist so uralt, wie das seherische Schauen selbst; die Künstler aller Zeiten haben sie vertreten, und ihre Darstellung dessen, was sie geschaut, wurde stets anstandslos hingenommen, sobald sie so zum Ausdruck kam, wie sie dem Bilde der Natur entsprach. Ihre höchste künstlerische Wirkung erreichten diese Darstellungen überall da, wo sie am meisten frei von aller subjektiven Färbung eines Lösungsversuches das ganze Rätsel des Daseins einfach reflektierten. Hier stört jede Erklärung; in seiner ganzen stummen Größe muss das Einzelne wirken; Goethe ging in dieser Empfindung so weit, dass er sogar den Gebrauch des Mikroskopes verwarf; er verstand sie, die Abweisung des Erdgeistes: „Du gleichst dem Geist, den du begreifst, nicht mir" und nahm sie in Demut hin.

Wer in irgendeiner Form des Daseins das einheitliche Sein erkannte, der sei beglückt, dass ihm der Schleier sich geöffnet hat; wer aber jetzt seine Brille jedem anderen aufzusetzen sich bemüht, der handelt unrecht, denn nicht alle Augen sind gleich, und was dem einen zu organischen Formen sich verdichtet, erscheint dem anderen als verzerrte Karikatur...

Es ist ein eigentümlich kühnes Unterfangen, auf dieser Grundlage ein so mächtiges Gebäude errichten zu wollen; eine einfache Überlegung schon muss es zweifelhaft erscheinen lassen, ob es gerechtfertigt ist, bei der außerordentlich großen Anzahl vorhandener Grundschriften eine einzelne Auffassung als die ursprüngliche Form der alten Schriften anzunehmen. Nehmen wir die Zeit Josia's, etwa 620 a. Chr. als diejenige an, zu welcher die Gesetzessammlung aufgestellt und die vorhandenen mündlichen oder schriftlichen Traditionen niedergeschrieben worden sind, so ist doch seitdem das Originalwerk durch die unsicheren Vervielfältigungsmethoden jener und späterer Zeit, durch Abschreiben mehr oder minder gelehrter Schreiber mit ihrer Sucht, erläuternde Zusätze zu machen, außerordentlich entstellt auf uns gekommen.

Jede neue Abschrift brachte neue Fehler hinein; wie oft wurden ähnliche Buchstaben verwechselt, andere ausgelassen oder versetzt – bei der Konsonantschrift der Hebräer um so leichter möglich –, Wörter, ja ganze Sätze übersprungen und dann später wohl auch an falscher Stelle nachgetragen; wie oft wurden Randbemerkungen in den Text genommen, dunkle Stellen durch neue Bemerkungen erläutert. Dies alles wäre an sich ja nicht so bedeutungsvoll, wenn man es nun aber unternimmt, unter Berücksichtigung jedes Wortes, jeder Wortstellung einen ganz bestimmten Sinn herauszulesen, der allem bisher Bekannten schnurstracks widerspricht, dann erscheint solch Unternehmen doch mehr als bedenklich. Haug behauptet nun Folgendes: Es bestand schon in den ältesten Zeiten der Wanderung Abram's ein Geheimbund von Männern, welche, von außerordentlichem Ehrgeiz beseelt, die Begründung einer theokratischen Herrschaft anstrebten und dies mit allen Mitteln, gleichviel welcher Art, auch durchzusetzen imstande waren, indem sie sich besonders durch geeignete Züchtungsversuche mit verschiedenen Rassen endlich ein Mischungsvolk zurecht konstruiert hatten, das ein willenloses Werkzeug für die Verwirklichung ihrer Herrschaftsgelüste abgab. Zur Zeit des Königs Josia wird einem besonders befähigten Genossen des Geheimbundes aufgetragen, die im Volke verbreiteten Sagen und Gesetzesrechte zu einem tendenziös gefärbten „Buche Gottes" zusammenzustellen, welches dann zufällig im „Hause des Herrn" gefunden wird und das Mittel bildet, die schwankende Priesterherrschaft neu zu stützen. ... Jedenfalls ist aber das Geheimwirken der von Haug vermuteten Jahvo-Elohim-Prätendenten meisterhaft geschildert, die überall ihre Hand im Spiele haben und gelegentlich, wenn nötig, auch wohl mit einer Schar dienender „Jahves" tatkräftig in den Gang der Geschichte eingreifen. ... Sie gaben sich fälschlich für wahre Jahve-Elohim aus und dichteten sich die Qualität als „Schöpfer des Himmels und der Erde" an, um sich als „Gott" anbeten zu lassen. In Wahrheit beherrschten sie durch ihre außerordentliche Intelligenz, unterstützt durch Wahrsage- und sogenannte Zauberkünste, bei völlig gewissenlosem Sinne sorgfältig für ihre Zwecke ausgewählte, raubgierige, im Übrigen aber mannigfach dumme Menschen, und scheuten im Interesse dieser Herrschaft vor keinem blutigen oder schmutzigen Verbrechen zurück.

Es ist eben das „Alte Testament" ein solches Kunstwerk, wie ich es oben erwähnt habe: es gibt keine Erklärungen, sondern es ist und bleibt geheimnisvoll und bringt jedem etwas zum eigenen Nachdenken, es spricht nie und nirgends das letzte Wort. ... Wohl verfährt der Verfasser nach dem Gesetze der Analogie, wenn er seine Lesearten entwickelt, aber es ist nur eine äußere Analogie, nur die der Schale, und das wird klar, wenn man etwa die Goethe'sche Auffassung zum Vergleiche heranzieht: „Prüfe, vergleiche – dass du schauest, nicht schwärmst!", ist Goethe's Forderung.

Aus dem Chaos der Formen erkannte Goethe das immer gleiche Gesetz, in der Frucht das ruhende Leben, im vollendeten Baume die entfaltete Frucht der Erkenntnis, aber jede Form war ihm heilig, in höchstem Maße die des menschlichen Körpers, weil er in jeder Linie den schöpferischen Gedanken zum Ausdruck bringt. Nun vergleiche man hiermit das gewaltsame Hineinpressen der weichen biegsamen Gestalt in „die starren systematischen Formen der Tetraeders": es ist eine Kreuzigung in schmerzlichster Art. Hier waltet das System der äußeren Analogie, dem sich der Gedanke fügen muss; dort wird die innere Analogie des Gedankens in allem Äußeren erkannt. Dem Systeme zu liebe wird alles so lange zermalmt, bis es hineinpasst, und ob sich neben dem Gefühl auch der Verstand dagegen unwillig sträubt.

„Verachte nur Vernunft und Wissenschaft, des Menschen allerhöchste Kraft, – so hab ich dich schon unbedingt!" Und man kann sich des Gefühles nicht erwehren, dass der Teufel hier einen unbedingt hat, und dass ihm leicht andere zum Opfer fallen, die sich durch dieses gleißnerisch schöne Trugwerk verblenden lassen. Es ist ein Irrlicht, das manchem im Dunkeln Wandernden von weitem als trauliches Heim erscheinen mag, und das ihn in die Sümpfe lockt.

Mir ist alles, sei es alt oder neu, erscheine es in schöner oder hässlicher Form, willkommen, wenn ich in ihr, in der Schale einen Kern zu finden vermag, der mir das ehrliche Suchen des Menschengeistes nach Erkenntnis der letzten Fragen zeigt. Diese sind: „Wer bin ich?" und „Was ist das außer mir?" In dieser Schale entdecke ich einen Kern. ... Der Beweis der Unzulänglichkeit eines ethischen Standpunktes, der nur Gesetzes-gerechtigkeit kennt, und die Forderung einer Wiedergeburt in der Verneinung des Willens. Das ist das Endergebnis, das zur Erkenntnis führt, und diese Erkenntnis zu verwirklichen ist die Aufgabe des Mystikers. "

*

Genau diese Punkte berücksichtigte Quintscher nicht bei der Übersetzung dieses astrologischen Werkes, welches ursprünglich Hermes Trismegistos verfasste. Quintscher trat darin auf wie ein Meister der Astrologie, zog seine eigenen Schlüsse, machten seine eigenen Analogien, schrieb seine eigenen Gesetze, anstatt sich dem Kosmos anzupassen. Er machte damit das Werk von Meister Arion zunichte.

Als Beispiel möchte ich sein selbstverfasstes und damit fehlerhaftes Kapitel über die kabbalistische Namensdeutung erwähnen, wozu F. B. Marby folgendes in „Astrologische Namensdeutung" schrieb. Das einzige Buch, welches wir in dieser Richtung empfehlen können, ist Dr. Lomers „Das Schicksal im Namen": *„Sehr alt sind die Versuche, die Namen nach der sogenannten kabbalistischen Art zu deuten. Es sind über diese Methoden schon eine ganze Anzahl Bücher und Schriften erschienen. Man geht da so vor, dass man den Namen in seine Einzellaute, besser Buchstaben, zerlegt. Jedem Buchstaben wird nun ein Zahlwert beigemessen, z. B. a=1, b=2 usw. Das Gesamtresultat wird nun in einer Quersumme erfasst. Dabei kann man bis zu der Ziffer 9 gehen, denn 10 ist schon wieder 1, oder man geht in den Quersummen höher hinauf. Je nach der sich ergebenden Endzahl wird nun über das Wesen und das Schicksal der betreffenden Person ausgesagt.*

In einem anderen Verfahren wird auch der Geburtstag, der Monat und das Geburtsjahr noch hinzugezählt. Immer aber ist zum Schluss die Endquersumme maßgebend für die Deutung.

Ich vermisse eine vernunftbegründete Fundamentierung dieser Methoden. Wohl haben die Planeten ihre Ziffern, aber da traten später verschiedene Veränderungen auf. Warum und wieso, darüber denken die Kabbalisten nicht nach. Und die Resultate? Es gibt Treffer. Es gibt aber auch Fehltreffer. Ich führe die Treffer auf eine gute Intuition des Beurteilers zurück, die trotz der falschen Endzahl das Zutreffende erfasst. Das gibt es auf allen Gebieten. Und dem guten Willen und der guten Absicht sind ja viele Türen offen, die sonst verschlossen sind."

Wir hingegen wollen die Erkenntnis wecken und vertiefen, dass allen Religionen ein gemeinsamer Kern zugrunde liegt, das Ur, das Ursprüngliche, Ur und All, das Eine, der Göttliche und der unendliche Geist der Liebe und des Lebens, der in jedem von uns lebendig gegenwärtig ist. Das Tiefste in jeder Kultur und das für den Menschen innerlichste Erlebnis, gleichviel, ob es sich in kirchlicher Form oder in der Stille und Einsamkeit der Menschenseele ausspricht, ist die Religion als Mystiker oder Götterboten, der den Geist universaler Religiosität in den mittigen Herzen der Menschen erweckt. Darum muss das Für und Wider der Nationen und Religionen sich verbinden. Dann werden immer mehr Menschen zu begeisterten Mittelpunkten und Strahlungsherden des guten Willens werden. Unsere Aufgabe ist es nun, das Grobe vom Feinen zu trennen, damit die reine Quintessenz zum Vorschein kommt, die der Hermetiker ungetrübt für seine Zwecke nutzen kann. Dazu wurden uns unzählige Gesetze und Analogien aufgezeigt, die wir in dieser hermetischen Schrift einfließen lassen konnten.

Vorwort:

Die Astrologie stellt einen der Grundpfeiler der hermetischen Wissenschaft dar. Nicht umsonst wurde diese Disziplin von namhaften Größen wie Paracelsus in den Vordergrund gehoben. Astrologie steht nämlich in Beziehung zu den astralen Gesetzen des Kosmos. Nicht ohne Grund erwähnt Franz Bardon in seiner „Evokation" die Zusammenhänge zwischen den Vorstehern, den Tierkreiszeichen und den Graden. Deshalb veröffentlichen wir nun den fünften und letzten Band der „Enthüllte Archive geheimer Wissenschaften" des großen Hermes Trismegistos, welcher den Gesetzen des fünften Elementes, des Äthers, entspricht.

Hermes ist der Mythologie nach der Sohn des Zeus und der Atlastochter Maia, auf dem arkadischen Kyllenegebirge geboren, der listige, ränkevolle Gott der Herden und des Viehes, der Diener und Bote seines Vaters Zeus, der Reichtum verleihende Schutzgott der Wege und alles Handels und Wandels, daher auch der Schutzpatron der Kaufleute, Gewerbetreibenden und Diebe, als chthonischer Gott auch der Seelenbegleiter. Er ist in den Zeiten des Magiers Jamblichus wie alle Götter des alten Olymp vergeistigt worden; als listiger, gewandter Gott der Rede und Herr des klugen Rates wird er in dieser Zeit die göttliche Vernunft und somit vor allem auch der Herr und Schutzgott aller Weisheit, besonders der Philosophie und Theosophie verehrt. Diese seine Vergeistigung und mystische Deutung begünstigte aber auch sein Zusammenfließen mit dem uralten Gotte der Weisheit, Wissenschaften, Künste, der Rede und Schrift bei den Ägyptern, Thoth, der den Beinamen Trismegistos, „Der dreimal Große", führt. Für die Theurgie, die mit dem Runen-Zauber eng verwandt ist und den Hauptgegenstand unseres Traktates bildet, fällt auch noch der Umstand besonders ins Gewicht, dass sowohl der griechische Hermes einen Zauberstab führt als auch der ägyptische Thoth seit jeher als „Herr des Zaubers" galt, dessen Zauberbeistand nicht einmal die Götter, mit dem Sonnengotte Re an der Spitze, messen können.

Davon, dass jeder Gott oder Dämon der Schutzgeist eines bestimmten Gebietes, bestimmter Landstriche oder Zonen, bestimmter Völker, Geschlechter oder Städte ist, weiß außer andern auch Proclus, spätantiker griechischer Philosoph und Universalgelehrter. So trat Hermes für das ägyptisch-hermetische Wissen und Weisheit ein. Die mit der ägyptischen Weisheit zusammenhängenden exoterischen Feierlichkeiten waren aber sicher auch esoterische, d. h. die eigentlichen Mysterien, an denen nur ein kleiner Kreis von Eingeweihten teilnehmen durfte. Tatsächlich enthalten schon die Gebets-(Zauber-)Formeln der Toten in den sehr alten Pyramidentexten solche Drohungen der Götter: „Lass mich herausgehen gegen meinen Feind und mich gerechtfertigt sein gegen ihn im Kollegium des großen Gottes, Osiris als Totenrichter, vor der großen *Neunheit* (der Runen) der ältesten Götter!" Solche schöpferische Runen-Zauberformeln (das fett gedruckt „i"!) wurden somit auch in Ägypten *be-ton-t* gesprochen, um Magisches zu bewirken! Isis war die Göttin der Zauberei, der Zauberformeln oder der Runensprüche. Deshalb ist sie identisch mit der Is-Rune! Jede dieser magischen Handlungen bzw. Sprüche musste der Ausübende ein Dankopfer darbringen. Auch werden astrologische Mond- und Sonnenkulte durch Isis und Osiris dargestellt.

Solche unverständlichen, aber heiligen Namen (Wörter), die von den Göttern selbst aus der Göttersprache geoffenbart worden waren, sind deren eigener Name! Am Anfang war das Schöpferwort und Gott schuf damit Himmel und Erde und der Mensch begann die Runen zu sprechen. Hierher gehören ferner zweifellos die sogenannten Zauberformeln, so genannt, da sie dem Standbild der Artemis (Hekate) von Ephesos eingeschrieben waren. Solche unverständlichen Runenformeln und Wörter galten als hoch wirksame Zauberformeln gegen alle Krankheiten. Es gab in Memphis einen Zaubertempel, in dem man die Runenformeln mit ihren dazugehörigen Stellungen – siehe die Papyri – erlernen konnte. Auch Stätten der schwarzen Magie gab es, in denen die irdischen Götter verehrt wurden. Bis in höchste Kreise hinein zog die Zauberei. Nach dem Talmud war gerade Ägypten das Mutterland der Runen-Zauberei. Dass die Zauberei bis in Regierungskreise zog, beweisen Akten über einen Riesenprozess des Ramses III. gegen einen Zauberer und dessen Gefolge, der einen Schadenszauber anwenden wollte. Man wusste, dass dieser wirken konnte!

Dass sich die Götter an ihren wahren Namen freuen, besagt ausdrücklich auch Proclus; ausschlaggebend aber blieb immer doch der Umstand, dass diese Namen Zwangsnamen waren, auf welche die Götter hören mussten, ob sie wollten oder nicht wollten, wenn der Sprecher die nötige Kenntnis und Reife hatte. Das hatte der neuplatonischen Philosoph Porphyrius wohl in erster Linie von den geradezu ungeheuerlichen Vokalnamen und wüsten Lautkombinationen behauptet, deren Zauberkraft sich aus der magischen Beziehung der sieben Vokale zu den sieben Planeten und so zum Weltall und allen seinen göttlichen und dämonischen Energien ergaben, mit denen die Zauberpapyri gespickt sind. Sie riefen die 28 Mondstationen jeweils als eine Gottheit in ihren 28 Gestalten an, die allen Leben ihre Seele einhauchte. Sie werden mit den Gestalten und Symbolen, analog den 12 Gestalten der Sonne, als Schwein, Kuh, Geier, Stier, Käfer, Falke, Krebs, Hündin, Wölfin, Schlange, Pferd, Ziege, Thermutihsschlange, Bärin, Bock, Pavian, Löwe, Panther, Spitzmaus, Hirsch, Jungfrau, Fackel, Blitz, Glanz, Heroldstab, Knabe und Schlüssel angerufen, was man zum Teil an den Siegeln der Mondvorsteher in der „Evokation" erkennen kann.

Auch die Einteilung der Arkanen des Himmels in 2 Hemisphären, eine helle und eine dunkle, in Glücks- und Unglücksstunden der Götter und Dämonen, in die vier Himmelsgegenden, in die 12 Teile nach den 12 Tierkreiszeichen, in die 36 Teile nach den 36 Dekansternen und in die 72 Teile zu je fünf Grad, liegt dem Kosmos zugrunde. Den Kreis teilten sie auch in 360 Grad, analog den 360 Vorstehern der Erdgürtelzone. Viele Astrologen führten sogar ein Taschenhoroskop mit sich, um jede Stunde exakt zu berechnen. So stark war der Glaube an die Sterne in Ägypten! Sie gingen auch soweit, dass sie den Sternen Götter zuordneten, um sie lebendig zu halten. Alles war bei ihnen zu Rechten belebt, wie wir dies bereits im 4. Hermes Band erwähnten. Sie gaben auch den Planeten entsprechende Charaktereigenschaften, die den Schwingungen jenes Stromes entsprachen mit ihren analogen Organen, wie wir das aus der Tabelle von Robert Fludd kennen.

Sogar Proclus kennt den Glauben, dass über jedes Glied unseres Körpers ein eigener Dämon (Gott) gesetzt ist, und spricht deshalb von den Anrufungen derer, die über den Finger, das Auge und das Herz gesetzt sind. Diese Lehre fußt darauf, dass der menschliche Körper als Mikrokosmos mit dem astralen Makrokosmos und allen seinen Bestandteilen (Gliedern) in Sympathie steht und jedem Glied des einen je ein Glied des andern entspreche. Im Makrokosmos spielen die sieben Planeten die größte Rolle, weshalb sie zunächst über bestimmte Körperteile gebieten, so der Saturn über das rechte Ohr, die Milz und die Blase, der Jupiter über die Hand und die Lunge, der Mars aber das linke Ohr usw. Darüber schreibt R. Fludd ausführlich. Aber selbst die einzelnen Finger teilte man bestimmten Planeten zu, so nach dem interessanten Traktat des Melampus den kleinen Finger dem Merkur (Luft), den Ringfinger der Sonne (Erde), den Mittelfinger dem Saturn (Akasha), den Zeigefinger dem Ares (Feuer) und den Daumen der Venus (Wasser), und erschloss aus dem Zucken dieser Finger die Zukunft. Interessanterweise teilten auch die Ägypter den

Ringfinger der linken Hand, der auch mit der Zahl sechs in Beziehung stand, dem Sonnengotte Horus zu; auch sollte er durch einen Nerv geradenwegs mit dem Herzen verbunden sein. Dazu passt es, dass auch der demotische magische Papyrus vom Herzfinger der linken Hand spricht, der an andern Stellen des Papyrus dem dort genannten Re-Sonnenfinger zu entsprechen scheint. Ferner werden die einzelnen Körperteile auch zu den zwölf Tierkreiszeichen in Beziehung gesetzt, so der Kopf zum Widder, der Nacken zum Stier, die Arme zu den Zwillingen, die Brust zum Krebs, die Flanken und die Achseln zum Löwen, die Weichen zur Jungfrau, die Hinterbacken zur Waage, das Geschlechtsglied zum Skorpion, die Schenkel zum Kentauren, die Knie zum Steinbock, die Schienbeine zum Wassermann und die Füße zu den Fischen. Diese Lehre geht auf den ägyptischen Astrologen Nechepso zurück, der das „zur Heilung aller Schäden" ausfindig gemacht haben soll. Da aber zu jedem Tierkreiszeichen auch je drei Dekansterne gehören, hat man auch diese und zwar diese besonders zu Herren der einzelnen Körperteile und Organe gemacht. Über ihren Einfluss auf das Geschick des Menschen ist besonders der hermetische Traktat zu vergleichen, wo die Dekane geradezu Dämonen genannt werden. Die Ägypter teilten den menschlichen Körper in 36 Dämonen oder Göttern des Äthers zu, doch zählten manche auch noch viel mehr. Die Namen dieser Dämonen in ihrer einheimischen Sprache wurden von ihnen ruinsch angerufen, womit sie die Übel der Glieder heilten. Tatsächlich haben sich auch nicht wenige original-ägyptische Dekanlisten gefunden und unter den dort verzeichneten Dekannamen entsprechen nicht weniger als sechs ägyptischen Namen. Auch sind diese ihre Namen von den Gliedern einer als Mensch gedachten großen Sternbildfigur entlehnt, wie Kopf, Ohr, Hand, Fuß, Oberarm, Unterarm, Hinterteil, so dass es sehr gut denkbar ist, dass man diese Dämonen als Schutzgeister der entsprechenden menschlichen Glieder auffasste und anrief. Und auch das stark jüdisch gefärbte Testament Salomos zählt die 36 Dekane mit sonst nicht belegten Namen auf, bezeichnet sie als Dämonen und Urheber zahlreicher über alle Glieder des Leibes verbreiteter Krankheiten und gibt jedes Mal auch diese Dämonen und auch die durch sie verursachten Krankheiten vertreibenden runischen Engelnamen an; letzteres erklärt sich daraus, dass die Engel zumeist als Gestirn-, und zwar als Planetendämonen aufgefasst wurden, denen die kleineren und schwächeren Dekandämonen untergeordnet sein mussten. Aus dem gleichen Grunde trug man auch die Planeten- und Dekanzeichen und die sieben Erzengelnamen in Ringe eingraviert als

Schutz gegen Krankheiten. Wenn man bedenkt, dass es des Weiteren auch Schriften gibt, die sich auf die 18 philosophisch-theosophischen Traktate berufen, die man bei uns das 18er Futhark nennt, macht dies alles wiederum Sinn, den aus den Runen ist die ganze Welt entstanden!

*

Aber was heißt eigentlich Horoskop? Es stammt von (griechisch) ora = Stunde + skopein = Ansicht, also bedeutet es soviel wie Stundenansicht. Das Wort Horoskop hat nach H. Miers „Lexikon des Geheimwissens" drei Bedeutungen, die wir nachstehend so übernehmen können:

1. *„Horoskop oder Stundenseher hießen bei den alten Ägyptern diejenigen Priester, denen die Beobachtung der Gestirne oblag. Sie mussten zu jeder Zeit den Stand der Planeten wissen und hatten dem König den Anbruch des Tages und die für den bevorstehenden Tag günstigen Stunden anzuzeigen.*

2. *Später bezeichnet Horoskop denjenigen Punkt der Ekliptik, der gerade im Augenblick eines bestimmten Ereignisses aufgegangen war. Bezog sich dies auf eine Geburt, so wurde es die Nativität genannt. In diesem Punkt befindet sich im astrologischen Sinn der Genius der Geburt, d. h. der Gott, unter dessen Schutz jeder aufgrund seiner Geburt lebt. Um zu erfahren, ob ein bestimmter Tag für ein wichtiges Unternehmen oder einen bedeutenden Lebensabschnitt einer Person günstig oder ungünstig sei, ist die Konstellation dieses Tages festzustellen und daraus zu ermitteln, in welchem „Haus" (-Häuser) der Genius der Geburt sich befindet, und in welcher Weise ihn die Aspekte der anderen Planeten günstig oder nachteilig beeinflussen. Hat der Astrologe das Horoskop entworfen, so beurteilt er eine Beschaffenheit danach, in welchem Tierkreiszeichen und im Grenzgebiet welches Herrschers (Planeten) es liegt; ferner in welchem Zeichen und welcher Umgebung der Herrscher des Zeichens selbst steht, ob jener durch günstige Gestirne beeinflusst wird oder ob mit ihm feindliche Sterne zusammentreffen und zusammenwirken.*

3. *Horoskop hat Herr Ebles auch ein von ihm beschriebenes Messgerät genannt, mit dem man die Zeit bis auf eine halbe Minute genau bestimmen kann. Wenn ein Horoskop überhaupt einen Sinn haben soll, müssen bei seiner Aufstellung und Ausarbeitung bekannt sein: Geburtsort, Geburtstag, -monat, -jahr und -stunde. Hinsichtlich der Geburtszeit muss ferner bekannt sein, ob es sich*

um die Normalzeit (z. B. Mitteleuropäische Zeit), um Ortszeit (= Sonnenzeit) oder evtl. um eine Sommerzeit handelt; zu beachten ist auch, dass wir in Deutschland erst seit dem 1. 4. 1893 die „gesetzliche Zeit" (MEZ) haben, davor kannte man nur die Ortszeit. Bei älteren Daten muss ggf. auch das Datum des gregorianischen Kalenders umgerechnet werden.

Horoskope, wie sie in der Tagespresse für alle Menschen eines Tierkreiszeichens erscheinen, sind völlig wertlos. Man unterscheidet Jahres-, Monats- u. Tageshoroskop; sie alle bauen auf einen einzigen Punkt auf, der durch die Rückkehr der Sonne, des Mondes und der Geburtsstunde gekennzeichnet ist. Sie sollen die Ereignisse eines Jahres, Monats bzw. Tages wiedergeben. Das sogenannte Wurzel-, Grund- oder Radixhoroskop stellt ein feststehendes Gebilde dar, das man nur ein einziges Mal für jeden Menschen anzufertigen braucht. Es zeigt jedoch lediglich die Charaktereigenschaften an, die der Geborene mit auf den Weg bekam. Die weitere Entwicklung wird aus dem Radixhoroskop also nicht ersichtlich; diese ist vielmehr aus den sich fortbewegenden Planeten gegenüber dem im Radix feststehenden Planeten zu ermitteln. Die Zeichnung des Horoskops hat gewöhnlich die Kreisform mit dem Tierkreis und wie sich die Planeten darin verteilen. Derjenige Tierkreisgrad, der im Augenblick der Geburt im Süden des Geburtsortes stand, liegt im Horoskopschema oben und wird Himmelsmitte (abgekürzt: M. C. = medium coelum) genannt; die anderen Richtungen ergeben sich dann von selbst.

Nach all dem oben Angedeuteten ist der eigentliche Zweck dieses 5. Bandes der „Enthüllten Archive geheimer Wissenschaften" der, dem angehenden Schüler der Hermetik die Grundlagen zur praktischen Ausübung der astrologischen Kenntnisse in Magie und Mystik als auch zur Quabbalistik in die Hände zu geben. Was heute alles als wissenschaftliche Astrologie und Horoskopie angeboten wird, das hat eigentlich mit dem wahren Naturwissen nichts mehr zu tun. Es bildet nur eine Irreführung der Massen. So wollen wir den Suchenden den Weg zur Wahrheit, zur Naturerkenntnis, weisen und ihn durch die unendlichen Gefilde der Sterne führen, auf dass er noch tiefer in die Geheimnisse seiner Gottheit eindringen kann.

Theorie und Praxis:

1. Die Analogien der Tierkreiszeichen:

Die hier angeführte Theorie soll die einzelnen Analogien aufzeigen, damit der Hermetiker sie am Ende des Buches praktisch verbinden kann. So sehen wir die Uhr ganz ohne Zweifel als eine geschickte Übertragung des uralten Tyrkreises auf die Folgezeit. Der Tier- oder Tyrkreis ist die Zeitenfolge = Ordner der Logoi, der Ur-Vernunft, und damit des Runenweistums und benannt nach der 12. Rune, der Tyr-Rune. Die Tyr-Rune aber ist die Zeugungs- und damit Wende-Rune im Sinne der Wiedergeburt im All, im Astral. Wenn wir die 6 Planeten einbeziehen zu den 12 Tyrkreizeichen, dann entsprechen diese 18 Zeichen rechnerisch den 18 Runen. Das ist die erste große Analogie.

Das Urbild des Tierkreises ist ohne Zweifel der Kreis, denn der mit geschlossenen Augen vorwärts gehende Mensch bewegt sich im Kreise. Der Kreis wird zum Sinnbild des Laufens und der Zeit. Der Lauf der Uhr aber bewirkt das Werk, mithin den Kreislauf das Wirken. Die Uhr aber ist unvorstellbar ohne Kette, wenn schon dieselbe heute vielfach entbehrlich scheint. Die Kette wiederum, man könnte sie auch Schicksalskette nennen, besteht aus Gliedern mit meist erdwärts ziehenden Gewichten.

Die Verankerung im Stoff also, die Geist-Stoffbindung wird zur urwirkenden Kraft als Ursache im Einzelnen, wie im All. Der Tierkreis verzeichnet diesen Vorgang in der ihm eigenen Sprache. Es entsprechen die 12 Zahlen als Ziffer mehr der gestaltenden und registrierenden Zeit, die Runen jedoch mehr dem urwaltenden Raum. Schreiben wir indessen die Zahlen in Runen bzw. Buchstaben und umgekehrt die Runen in Zahlenwerten nieder, so entsteht eine scheinbare Vertauschung der Begriffe. Hieraus ergibt sich die untrennbare Verbundenheit von beiden Begriffsvorstellungen. Zahlen sind Runen und Runen sind Zahlen. Ein Vergleich:

Es ergeben in Sekundenwerten:

Stunde	Tag	x	Monat	Jahr
3600 = 9	86400 = 18 = 9		2592000 = 18 = 9	31104000 = 9

16

Das große Sonnenjahr umfasst 25920 Jahre und ist eingeteilt in 360 Grade. Mithin entspricht 1 Grad einer Zeitdauer von 72 Jahren. Wenn wir nun im Menschen den kleinen, auf das Erdenjahr übertragenen Kosmos sehen und damit den Rhythmus seines Blutkreislaufes durch den Pulsschlag beobachten, wie es auch Dr. Lomer in seinen „Lehrbriefen" schrieb, so gelangen wir zu folgenden Feststellungen:

Die Zahl der Pulsschläge unterliegt außer klimatischen und erbbiologischen Einflüssen naturgemäß auch den unterschiedlichen Altersstufen und damit verbundenen Erregungs- und Temperamentszuständen. Auch Art, Rasse und Lebensweise, also Berufsbetätigung und Ernährung wirken hierbei mitbestimmend. Dennoch lässt sich für das Alter vom zwanzig bis sechzig Jahren eine mittlere Norm von 72 Pulsschlägen in der Minute mit ziemlicher Sicherheit feststellen. Die Zahl der Pulsschläge entspräche mithin genau dem 360. Teil bzw. einem Bogengrad des Tyrkreises oder Sonnenjahres.

$360 \times 72 = 25920$. Die Zahl ist in 360×5 enthalten. Die 5. Rune aber ist die **ryt** = dem inneren Rhythmus des Kreislaufes = umgekehrt **tyr**.

Nun aber bleibt es bemerkenswert, dass der Mensch bei normalen Atem in der Minute $18 \times$ die Gabe des Odems (gibor – geben – 18. Rune) empfängt. $18 \times 60 \times 24 = 25920$ Atemzüge im Tag. Beide Zahlen also decken sich mit dem Sonnenjahr. – Setzen wir nun den Lauf (Pulsschlag) 72 in der Minute in das Verständnis zum Atem, 18 in der Minute, dann stehen Odem (Atem) und Pulsschlag in dem wohl keineswegs zufälligen Verhältnis von eins zu vier zueinander, die den Begriff Leben, gebunden umreißen. Das Kreiskreuz der Elemente wird so zur Sinndeute der Drehung im Raume und damit zum Vierungs- = Führungskreuz. Demnach geht die Vierung oder Führung, das Lebensfeuer, vom Odem, = Got-Geist aus, der den Wirbel rytmiert in der Geist-Stoff-gebundenen Kraft. Die 12 Tierkreiszeichen, die der Wirbel gleich dem Uhrzeiger berührt, stellen so die 12 Sonnenmonate oder 12 Sonnenhäuser und später im kirchlichen Sinne die 12 Apostel etc. dar. Im Kreiskreuz, der runischen Quelle aller Zahlen, treten die Zahlen 6 und 9 besonders deutlich in Erscheinung. In ihnen wird uns in fortgesetztem Umschwung das bewusste Erwachen im Stoffe eindringlich offenbar, das da sagt oben = unten 1 = 10. Hieraus folgt die Bestätigung des Vorgesagten, nämlich des Urwirkens des Geistes im Stoffe und als Ergebnis dieser Wechselwirkung der rytmierten Kraft. Das Kreiskreuz aber dürfte wohl die eigentliche Grundlage des Tyrkreises bilden, denn es entspricht den ältesten Vorstellungen unserer Ahnen. Der Tyrkreis, der nicht nur das

Sonnenjahr umschließt, sondern symbolischer Ausdruck urewigen Schöpferwillens ist, dürfte in seiner Grundbedeutung aus der Vormondzeit überliefert sein. Ob man nun mit diesen 12 Zeichen oder Maßen 12 Sonnenmonate oder 12 Sonnentage ausdrücken wollte, bleibt für den ewigkeitserfüllten Menschen durchaus unerheblich.

Nun wird auch verständlich, warum die Wirkungen und Einflüsse der Sterne auf das Empfangen und das Geben und die Ähnlichkeit und die Verschiedenheit vorhanden sind, weil nämlich das alles nach dem hermetischen Gesetz der Gleichheit, der Analogie, von Oben und Unten erschaffen wurde.

Alles kommt aus der Einheit, geht in die Masse der Mehrheiten, um wieder zurück zu Einheit zu kehren. Die Emanation ist in allen Erscheinungen, in den Vorgängen unseres Sonnen-Systems, der Erde und ihrer umgebenden Atmosphäre, genau aber auch so in allen anorganischen und organischen Einzelheiten der Erde und in allen Trägern beseelenden Lebens enthalten; sie äußert sich nicht nur in Bewegung, dynamischer Entfaltung, sondern im Lebensstrom, der die doppelseitig, polare Anordnung aller Wesenheiten durchströmt, im Lebensstrom, der die anorganischen Wesenheiten wandelt und sie mit, ihrem kosmischen Bedeutung und Entwicklung entsprechend und je nach Grad ihrer elementar-stofflichen Bindung, mit Bewusstsein erfüllt.

Beseelung ist die Gesetzlichkeit, bewussten oder unbewussten Ineinanderspielens von aus- und einstrahlenden Moment-Zuständen in aufsteigender Evolution; das heißt Beseelende Wandlung zu erhöhender oder zurückführender Entfaltung und der Bestrebung zu harmonischem Ausgleich des Entwicklungszustandes. Das ist der Zusammenhang von Symmetrie (Ebenmaß) und Rhythmus.

Der Mensch steht als Erdenwesen zwischen den konzentrierten Elementarien der Erde und der zentralen Gestirn-Einheit. Als kosmisches Geistwesen aber steht der Mensch zwischen dem Solar-Prinzip (Sonne) und der astralen Vierpoligkeit der Einheit. Der körperliche Aufbau entstammt ursprünglich den feinstofflilch differenziierten Schichtungen der aurischen Erdausstrahlungen (Minus) und den vertikalen, rhythmischen Energieeinstrahlungen des Kosmos (Plus).

Der Geist entstammt und entspricht den horizontalen Schichtungen der Sonnen-Prinzipien und den vertikalen ein- und auspulsenden Rhythmen der Geist-Grund-Prinzipien (+).

  – Die Horizontalen entsprechen den harmonischen Gegebenheiten,

Einkörperungen und Bindungen des vereinigten Geist-Körperwesens.

- Die Vertikalen entsprechen den rhythmischen Schichtdurchdringungen von Oben nach Unten oder umgekehrt, eindringend und ausdringend, sowie den bindungsmäßigen Bewusstheiten.
- Daher ist das Strahlungs-Feld der grobstofflichen Gebilde ein System 12-teiliger symmetrischer Anordnung. Unter diese Gruppe fällt auch unsere Erde und die anderen Himmelskörper.
- Das Strahlungsbild der feinstofflichen Gebilde dagegen ist ein zehnteiliges System.

Das Leben, der diesseitige Zustand in der Kette von Inkarnationen, ist von einem Punkt ausgehend relativ zu betrachten. Zerlegen wir den Menschen in den Körpermenschen und den Geistmenschen, dann ist der Körpermensch das Positive, der Geistmensch ist das Negative. In höherem Sinne, in kosmischer Bedeutung aber, und unter inkarnatorischer Voraussetzung, ist das Geistwesen das Positive, das Bleibende, sowohl im Leben, als auch im Jenseits und in allen weiteren Erhebungs-Sphären. Der Körper tritt bei jeder Entkörperung in den Zustand stofflicher Zersetzung, das Negative. Das Geistwesen bedient sich in jeder wiederholenden Inkarnation eines neuen Gehäuses, eines neuen Körpers. Jedes neue Leben, in einer neuen Verkörperung setzt den Menschen erneut wieder in den Zustand begrenzter Bewusstheit, umgibt ihn mit Reizen, Glückserlebnissen und Triebgenüssen, legt ihm aber zugleich die Pflicht auf, die Unwertigkeit, das Negative, irdischer Bindungen zu erkennen. Der Mensch muss sich seiner Unterbewusstheit kosmischer Entstammung wieder bewusst werden und sich von den verlockenden Reizen und den verblendenden Eindrücken des Erdenlebens ablösen. Das Geistwesen muss den harmonisierenden Ausgleich des „Du" finden, um zu polarer Ganzheit in sich zu werden und als solche, einer ureigentlichen geistigen Entstammung entsprechend, sich von dem rückführenden Strom der universellen Evolution tragen lassen. Dazu verhelfen die Erkenntnisse der analogen Astrologie, wie es z. B. Eugen Grosche beim Horoskop von A. Crwoley zur Anwendung brachte.

Alle Prinzipienverhältnisse stehen in einem korrespondierenden Zusammenhang mit dem Zahlen-System des Baumes des Lebens vom 1-10, mit den Himmelskörpern und mit dem aus Wesensanlagen und Charakterbildung rückwirkenden Schicksal des Menschen. Eine solche solide hermetische Struktur bildet der Tierkreis bestehend aus zwölf Zeichen von je 30°, dessen Reihenfolge so gegliedert ist:

1. Widder – männlich (elektrisches Fluid), kardinal, erstes Feuerzeichen, warm und trocken.
2. Stier – weiblich (magnetisch Fluid), fest, erstes Erdzeichen, kalt und trocken.
3. Zwillinge – männlich (elektrisch), beweglich, erstes Luftzeichen, warm und feucht.
4. Krebs – weiblich (magnetisch), kardinal, erstes Wasserzeichen, kalt und feucht.
5. Löwe – männlich (elektrisch), fest, zweites Feuerzeichen, warm und trocken.
6. Jungfrau – weiblich (magnetisch), beweglich, zweites Erdzeichen, kalt und trocken.
7. Waage – männlich (elektrisch), kardinal, zweites Luftzeichen, warm und feucht.
8. Skorpion – weiblich (magnetisch), fest, zweites Wasserzeichen, kalt und feucht.
9. Schütze – männlich (elektrisch), beweglich, drittes Feuerzeichen, warm und trocken.
10. Steinbock – weiblich (magnetisch), kardinal, drittes Erdzeichen, kalt und trocken.
11. Wassermann – männlich (elektrisch), fest, drittes Luftzeichen, warm und feucht.
12. Fische – weiblich (magnetisch), beweglich, drittes Wasserzeichen, kalt und feucht.

Es geht hier keineswegs um eine willkürliche Reihenfolge, sondern um eine ausgeklügelte, ja geniale Struktur in ihrer kosmischen Widerspiegelung.
Erstens sehen wir eine regelmäßige Abwechslung von männlichen und weiblichen, von elektrischen und magnetischen Zeichen. Zweitens gibt es nacheinander vier Dreiergruppen, jeweils mit einem kardinalen, einem festen und einem beweglichen Zeichen. Drittens gibt es drei Viergruppen, in denen die vier Elemente vertreten sind, jeweils in der Reihenfolge Feuer, Erde, Luft und Wasser, welches wiederum je zwei spezifische Eigenschaften hat.

Die vier kardinalen Zeichen liegen 90° auseinander und bilden zusammen das kardinale Kreuz. Auf ähnliche Weise gibt es das feste und das bewegliche Kreuz (Weiteres siehe unten). Die drei Zeichen eines Elements liegen immer 120° auseinander und bilden zusammen ein Trigon (Dreieck). Aber jedes Element wirkt anders, weil jedes aus quabbalistischer Sicht einen anderen Herrscher hat.

2. Elektrische und magnetische Zeichen:

Die regelmäßige Abwechslung von männlichen und weiblichen Zeichen bewirkt ein Gleichgewicht im Tierkreis. Das männliche, aktive Prinzip wird vom weiblichen, passiven, empfangenden Prinzip abgelöst und das wiederum vom männlichen Prinzip usw. Diese Prinzipien sind zu vergleichen mit den Begriffen Yin und Yang oder Ida und Pingala aus der östlichen Philosophie und sollen im Fluss des Lebens so viel wie möglich im Gleichgewicht sein und bleiben. Das Positive gibt Lebenskraft, das Negative nimmt sie.

Die beiden Schlangensymbole verdeutlichen das Plus und Minus.

21

3. Kardinale, feste und bewegliche Zeichen:

Die Dreiergruppen beginnen jeweils mit einem kardinalen Zeichen. Die vier kardinalen (ausgleichenden, mittigen, astralen) Zeichen (oft auch Hauptzeichen genannt) haben einen strebenden, sich durchsetzenden Charakter. Die darauffolgenden festen (anziehenden, ruhigen, negativen oder irdischen) Zeichen (oft auch fixe Zeichen genannt) kennzeichnen sich durch Beharrlichkeit, durch das Festhalten an dem, was erreicht wurde. Die abschließenden beweglichen (kräftigen, ausströmenden, positiven oder mentalen) Zeichen sind dagegen ruhelos und veränderlich. Jede Dreiergruppe entspricht einer Jahreszeit:

- die Gruppe Widder, Stier, Zwillinge entspricht dem Frühling,
- die Gruppe Krebs, Löwe, Jungfrau dem Sommer,
- die Gruppe Waage, Skorpion, Schütze dem Herbst und
- die Gruppe Steinbock, Wassermann, Fische dem Winter.

Jede Jahreszeit fängt damit an, sich gegen die vorherige Jahreszeit durchzusetzen (kardinal-ausgleichend), dann stabilisiert sie sich (fest-ruhig-minus) und schließlich geht sie allmählich in die folgende Jahreszeit über (beweglich-strömend-plus).

Wie bereits oben besprochen wurde, besteht jedes Ding aus den drei Grundeigenschaften – kardinale, feste und bewegliche Zeichen. Wir wollen nun diesen Gedanken astrologisch vertiefen. Analog dazu stehen:

- Materia. Salz, d. h. das Prinzip der Materialität, Stofflichkeit (Tamas, Dunkelheit, Bewusstlosigkeit – Minus).
- Anima. Schwefel, das Prinzip der Energie, Kraft (Radschas, Feuer oder Leidenschaft, Instinkt – Plus).
- Spiritus. Quecksilber, das Prinzip der Intelligenz, Geist (Sattwa, Wesenheit, Licht, Bewusstsein – Mitte).

Aus der Zusammensetzung dieser drei unsichtbaren Grundelemente entstehen die sichtbaren Körper, und jeder Körper ist in seinem Wesen nichts anderes als eine Zusammensetzung dieser drei Prinzipien, wobei entweder das eine oder das andere vorherrschend ist. Somit ist auch jedes Ding dem andern innig verwandt, und nur durch die Form und Art der Bewegung von andern verschieden.

- Je mehr in einem Dinge das materielle oder zusammenziehende, bittere Prinzip vorherrscht, um so mehr ist es dicht und materiell, sinnlos, dumm, unbewusst, erkenntnislos, passiv, träge.

- Je mehr das Prinzip der Energie vorherrscht, um so mehr ist es feuriger Natur, egoistisch, leidenschaftlich, strebend, aktiv, erhitzend, scharf, sauer, anziehend und abstoßend, begehrlich usw.
- Je mehr der Merkur vorherrscht, um so mehr ist es bewusst, intelligent, licht, emporstrebend, leicht, ätherisch, geistig, lieblich, ruhig, kräftig und gut.

Nicht nur in der äußern Welt, sondern auch im Menschen selbst sind alle Kräfte enthalten. In ihm selbst ist seine Gesundheit, sein Lebenswasser, sein Stein der Weisen, sein Arkanum; er selbst ist Mumia, und seine eigene vierpolige Natur ist sein Arzt, der seine Krankheiten heilt. Der äußere Arzt kann nichts dabei tun, als die Natur gegen schädliche Einwirkungen verteidigen und ihr dasjenige verschaffen, was sie nötig hat, und da der Mensch aus Erde (Mikrokosmos) gemacht ist und in ihm alle Dinge enthalten sind, wie in der großen Welt (Makrokosmos), und jedes Ding sich seinesgleichen annimmt, so ist auch die ganze Welt mit allen ihren sichtbaren und unsichtbaren Einflüssen seine Apotheke. Was der Mensch in sich aufnimmt, das ist er selbst. Somit nimmt der Saturn des Mikrokosmos den Saturn des Himmels, die Melissa der Erde die Melissa des Mikrokosmos an, denn die rechte Arznei kommt aus Makro- und Mikrokosmos. Der Hermetiker und Astrologe aber sollte die Natur erkennen, und lernen, das Licht vom Dunkel, das Reine vom Unreinen zu scheiden:

- So spricht Paracelsus von chemischen Prozessen des *Mercurius* im Menschen, wodurch Gehirnkrankheiten, Schlagflüsse usw. entstehen.
- Den Veränderungen des materiellen Elementes (Salz) entspringen Haut- und Krebskrankheiten, Geschwüre, Tartarische Krankheiten, Rheumatismus u. dgl.
- Aus den Veränderungen des Schwefels kommen nicht nur Hitze und Kälte, Regen und Schnee im Makrokosmos, sondern auch Fieber und Frost, Wassersucht und Entzündungen aller Art in Mikrokosmos.

Somit ist der sterbliche Mensch in die drei Grundeigenschaften der Natur gesetzt, deren Wesenheit der Hermetiker geistig zu erfassen bestrebt sein soll, wenn er nicht bloß die Krankheitserscheinungen, sondern das Wesen der Krankheiten und auch das Wesen aller materiellen Dinge erkennen will. Der Hermetiker geht sogar noch weiter, und er erkennt das ganze Leben in der Natur als eine Widerspiegelung des göttlichen Geistes im Weltall. Dieses Lebensprinzip ist in allen Dingen enthalten und ist die organisierende Kraft in der Natur und in jedem einzelnen Organismus. Die indische Philosophie bezeichnet das geistige Leben als „Jiva" und dessen Widerspiel in der Natur als „Prana". Von letzterem beschreibt sie fünf Modifikationen, nämlich:

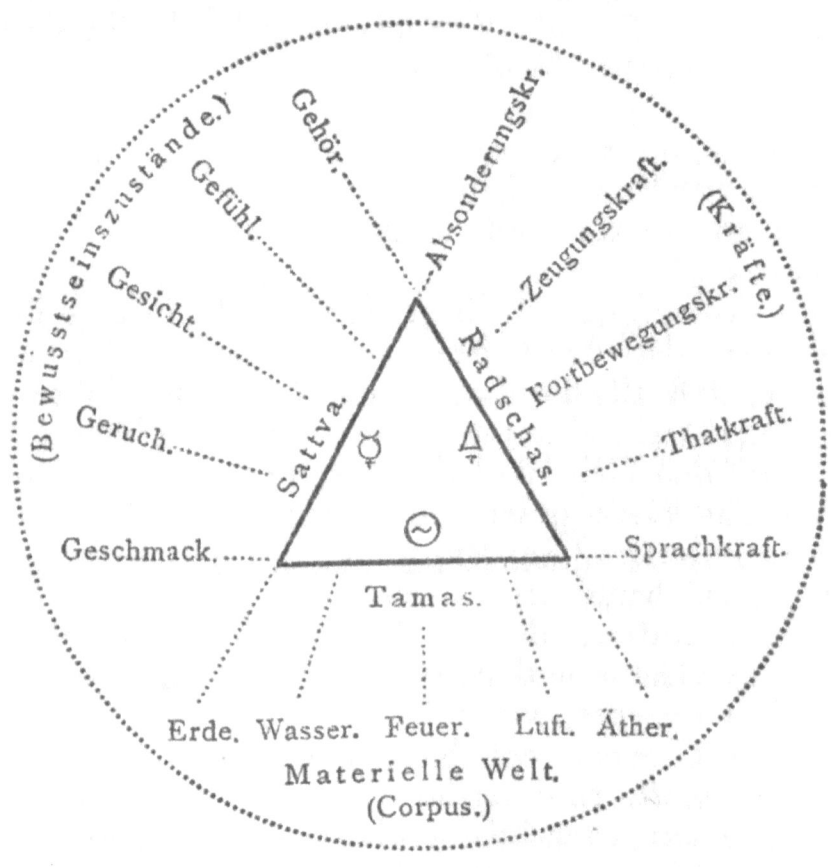

– Prana, das vorwärtsstrebende Leben.
– Uddna, das aufsteigende Leben.
– Samdna, das bindende Leben.
– Vyana, das austeilende Leben.

24

- Apdna, das abwärtsstrebende Leben,

welche alle in Beziehung zu den fünf Elementen stehen. Das Zentrum und die Quelle der Lebenskraft in unserem Sonnensystem ist die Sonne; die Zentralwerkstätte der Lebenskraft im tierischen Körper ist das Herz. Der von der Sonne ausstrahlende Lebensgeist dringt auf verschiedenen Wegen, insbesondere durch die Lunge, in den menschlichen Körper ein. Er gibt allen Organen ihre Stärke, und wo seiner Tätigkeit kein Hindernis im Wege ist, da erfolgt diese Stärkung von selbst. Dies, wie vieles andere, deutet darauf hin, dass Paracelsus bedacht war, durch den Geist auf die Seele und den Körper heilend einzuwirken mithilfe der Astrologie und ihren Analogien. Wie uns aus dem *Adepten* bekannt ist, ist nun der physische Körper äußerlichen, mechanisch und chemisch wirkenden Einflüssen unterworfen, empfängt der Astralkörper geistige Einflüsse und die Eindrücke des Gemütes, und die in ihm hervorgerufenen Zustände übertragen sich auf den materiellen Leib. So rufen z. B. Zorn, Furcht, Begierde und andere Gemütserregungen gewisse Strömungen in den Lebensäthern des Astralkörpers hervor. Diese verursachen Nerven-erregungen, diese Blutwallungen, Kongestionen, Entzündungen usw. Der persönliche Mensch ist eine Erscheinung, welche gewisse Eigenschaften der Planeten besitzt. Wenn sich diese Eigenschaften ändern, so ändert sich damit auch die Persönlichkeit; eine Eigenschaft, die ihn beherrscht, ist in ihm personifiziert. So kann man z. B. einen von Zorn besessenen Menschen als ein Wesen betrachten, in dem der Geist des Zornes über den Mars personifiziert ist; einen mit Kleptomanie behafteten als einen Menschen, in dem die Stehlsucht über den Merkur zu seinem Wesen geworden, und der dadurch in einen Dieb verwandelt wurde. Ähnlich verhält es sich mit konstitutionellen Krankheiten, von denen jede als ein Zustand, der im Menschen Gestalt angenommen hat, betrachtet werden kann. Diese Weisheit, die der Mensch haben soll, stammt von dem kosmischen Geist. So der Mensch in dieser Weisheit lebt, so ist derselbe ein Meister des Gestirns und aller Planeten. Ein solcher wird ein Magus genannt und kann dem Saturn, der Venus, dem Merkur usw. gebieten. Ist er aber nicht Herr seiner selbst, so meistert ihn das Gestirn und macht aus ihm was es will. Denn wie eine seelisch-geistige Einstellung krank macht, so kann auch der geschulte Wille gesund machen.

4. Tropischer Tierkreis:

In diesem Zusammenhang ist es wichtig, zu betonen, dass im Westen die Astrologie hauptsächlich mit dem tropischen Tierkreis arbeitet, das ist der Tierkreis, der mit dem Frühlingspunkt beginnt. Das heißt, der Frühlingspunkt und 0° Widder fallen im tropischen Tierkreis zusammen. Der Frühlingspunkt fällt in unserem Kalender auf etwa 21. März, wenn die Sonne in das Tierkreiszeichen Widder eintritt und Tag und Nacht gleich lang sind.

5. Feuer-, Erde-, Luft- und Wasserzeichen:

Die Vierergruppen fangen jeweils mit einem Feuerzeichen an, das erste Element in der Schöpfung! Das Schlüsselwort des Feuers ist: Wollen. Der Unterschied zwischen den drei Feuerzeichen ist, dass jedes Zeichen zu einer anderen Dreiergruppe gehört. Widder ist ein kardinales, Löwe ein festes und Schütze ein bewegliches Zeichen, was diese drei Zeichen auf unterschiedliche Weise in ihren Rubriken kennzeichnet.
Das zweite Element in den Dreiergruppen ist Erde. Das Schlüsselwort ist: Handeln. Wie beim Feuer gibt es auch hier folgende Unterschiede zwischen den Erdzeichen: Stier ist fest, Jungfrau beweglich und Steinbock kardinal.
Das dritte Element in der Reihe ist Luft. Die Schlüsselwörter lauten: Denken, Kommunizieren. Der Unterschied zwischen den drei Luftzeichen: Zwillinge ist beweglich, Waage kardinal und Wassermann fest.
Das letzte Element in der Reihe ist Wasser. Das Schlüsselwort lautet: Fühlen. Der Unterschied zwischen den drei Wasserzeichen: Krebs ist kardinal, Skorpion fest und Fische beweglich.

- Die Feuerzeichen streben nach Freiheit von Wollen und Führerschaft.
- Die Luftzeichen streben nach Freiheit von Bewegung und Kommunikation.
- Die Erdzeichen haben das Bedürfnis nach materieller Sicherheit.
- Die Wasserzeichen haben das Bedürfnis nach emotioneller Sicherheit.

Alle vier Elemente besitzen vor allen Dingen ihre spezifischen Eigenschaften der Hitze (Feuer), Kälte (Wasser), Leichtigkeit (Luft) und Schwere (Erde). Weitere Eigenschaften ergeben sich mit der Zeit von selbst oder durch eine Meditation, wie es Franz Bardon im „Adepten" richtig geschrieben hat.

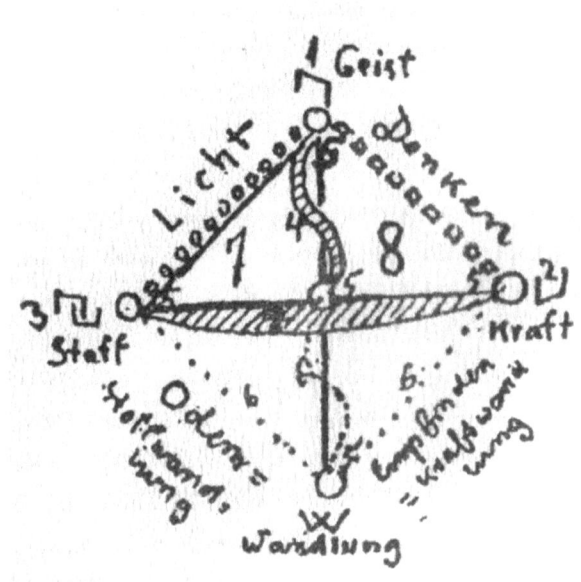

Die Gesetze der Vier von Oben und Unten und von Links und Rechts, graphisch dargestellt anhand von Runen und Zahlen.

6. Die Qualitäten und die Temperamente:

Neben den drei Hauptveranlagungen wurden an dem Menschen von altersher vier Gemütsarten, Gemütsgrundlagen festgestellt. Die Alten nannten diese Hauptgrundstimmungen Temperament, und sprachen von einem

- cholerischen,
- melancholischen,
- sanguinischen und
- phlegmatischen Temperament.

Astrologisch werden diese vier Temperamente mit den vier Elementen:

Feuer, Erde, Luft und Wasser symbolisiert. Die Stellung der Sonne und des Mondes, je nach Geburtszeit am Tage oder der Nacht in diesen Zeichen des Tierkreises, erschließen einen Blick in das Temperament des Beurteilten. Es bestehen also fließende Übergänge zwischen Gut und Böse, wenn man die beiden Klassen der positiven und negativen, unter Berücksichtigung der essentiellen Sterneigenschaften, gebührend einschätzen will. Das heißt also, dass die Auswirkungen der Sterne immer im harmonischen Mittelmaß bestehen. Immer ist ein Ausgleich vorherrschend. Ist der Ausgleich nicht vorhanden, entstehen Krankheiten! Somit ergibt die Verbindung der vier Temperamente mit den drei Veranlagungen (Ebenen) also zwölf Grundcharaktere in der Menschheitsfamilie (3 x 4 = 12).

Am stärksten wirkt sich das Temperament aus, wenn wie bereits gesagt, die Planeten bei der Geburt in demselben Tierkreiszeichen standen, z. B. Mars im Widder oder Venus im Stier (siehe Planetentabelle), dann ergibt das ein verstärktes cholerisches oder ein phlegmatisches Temperament.

Diese vier Urqualitäten sind: warm, kalt, feucht und trocken. Es gibt folgende Kombinationen:

- warm und trocken, die Qualitäten des Feuers – im Tarot bilden sie die Schwerter;
- kalt und trocken, die Qualitäten der Erde – die Münzen;
- warm und feucht, die Qualitäten der Luft – die Stäbe;
- kalt und feucht, die Qualitäten des Wassers – die Kelche.

Auch die Planeten weisen diese verschiedenen Qualitäten der Ströme vor. Darauf kommen wir später noch zurück. In einem Geburtshoroskop verteilen sich Sonne, Mond und die Planeten über die verschiedenen Tierkreiszeichen. Dabei kann ein Element stärker von Planeten besetzt sein als die anderen. Weist ein hermetisches Horoskop ein Übermaß an Feuer auf, hat dieser Mensch ein cholerisches Temperament und muss das in seinem Seelenspiegel eintragen. Ein Übermaß an Erde führt zum melancholischen Temperament, ein Übermaß an Luft zum sanguinischen und ein Übermaß an Wasser zum phlegmatischen Temperament. Dies alles muss und soll für seine Entwicklung genützt werden.

- Das cholerische Temperament (warm und trocken, analog dem Feuer): Tatmenschen, Herrscher, Angreifer, despotisch, leidenschaftlich und zornig, großzügig und übermütig – siehe die Einteilung im „Adepten" von Franz Bardon.
- Das sanguinische Temperament (warm und feucht, analog der

Luft): kontaktfreudige Menschen, Brückenschläger, vermittelnd, freundlich, geistig interessiert, zerstreut und Zerstreuung suchend, neigend zur Oberflächlichkeit.

- Das melancholische Temperament (kalt und trocken, analog der Erde): standhafte Menschen, zurückhaltend, geschlossen, träge, neigend zum Pessimismus und zur Depression. Scharfes und objektives Wahrnehmungsvermögen.

- Das phlegmatische Temperament (kalt und feucht, analog dem Wasser): Gefühlsmenschen mit großer Aufnahmefähigkeit, still, eher passiv, beeinflussbar, oft unkonventionell und reich an Fantasie.

Diese Lehre der Temperamente ist das ursprünglichste psychologisch-hermetische Modell. Die Namensgebung stammt aus der griechischen Lehre der vier Säfte, die den Menschen als eine Mischung aus

- Galle (cholos),
- schwarze Galle (melancholos),
- Blut (sanguis) und
- Schleim (phlegma)

betrachtet. Nach dieser Lehre ist ein Mensch gesund, wenn sein Körper eine ausgewogene Mischung dieser Säfte besitzt. Fehlt ein Saft (Element) oder ist ein Saft übermäßig anwesend, kann das zu Krankheiten führen. (lateinisch: temperamentum = Mischung, das richtige Maß). Für die klassischen Ärzte war diese Temperament-Lehre die Grundlage der Diagnose und Behandlung von Krankheiten!

*

Mit den 12 symbolischen Zahlen sind die 12 Tierkreiszeichen des gewöhnlichen Zodiak durchlaufen. Diese sind an sich negativ, jedoch nicht im geläufigen Sinne, sondern in der Form, dass sich der Aspirant der Mysterien mehr passiv, in diesem Falle also als Lernender bzw. als Forschender betätigen muss.

Die weiteren 12 Grade betreffen den sogenannten transzendenten Zodiak. Dieser besitzt keine Bindung zum gewöhnlichen Tierkreis, sondern bezieht sich auf 12 göttliche Ideen, die sich im Stadium ihrer Realisierung befinden, d. h., sie gehören dem großen Mysterium der Pyramide an, wonach Gott zu betrachten ist als das übermenschliche Ideal, das in 12 Stadien verwirklicht werden soll. Im *Golden Dawn* wird dies mit den 12 Abbildungen der Ur-Runen dargestellt.

Elementetabelle nach Franz Bardon

Zeit	Element	Zeit	Element
12/0.00 - 0.24	Akasha	18/6.00 - 6.24	Akasha
12/0.24 - 0.48	Luft	18/6.24 - 6.48	Luft
12/0.48 - 1.12	Feuer	18/6.48 - 7.12	Feuer
13/1.12 - 1.36	Erde	19/7.12 - 7.36	Erde
13/1.36 - 2.00	Wasser	19/7.36 - 8.00	Wasser
14/2.00 - 2.24	Akasha	20/8.00 - 8.24	Akasha
14/2.24 - 2.48	Luft	20/8.24 - 8.48	Luft
14/2.48 - 3.12	Feuer	20/8.48 - 9.12	Feuer
15/3.12 - 3.36	Erde	21/9.12 - 9.36	Erde
15/3.36 - 4.00	Wasser	21/9.36 - 10.00	Wasser
16/4.00 - 4.24	Akasha	22/10.00 - 10.24	Akasha
16/4.24 - 4.48	Luft	22/10.24 - 10.48	Luft
16/4.48 - 5.12	Feuer	23/10.48 - 11.12	Feuer
17/5.12 - 5.36	Erde	23/11.12 - 11.36	Erde
17/5.36 - 6.00	Wasser	23/11.36 - 12.00(24)	Wasser

Mit Hilfe dieser Tabelle kann man aufgrund seiner Geburtsminute das Element bestimmen, in dem man schwingt.

Planetentabelle und Elementerichtungen

Kabbalistische Tages- und Stundenregenten

Uhrzeit	So.	Mo.	Die.	Mit.	Do.	Fr.	Sa.
18h-19h	☉	☽	♂	☿	♃	♀	♄
19h-20h	♀	♄	☉	☽	♂	☿	♃
20h-21h	☿	♃	♀	♄	☉	☽	♂
21h-22h	☽	♂	☿	♃	♀	♄	☉
22h-23h	♄	☉	☽	♂	☿	♃	♀
23h-0h	♃	♀	♄	☉	☽	♂	☿
0h-1h	♂	☿	♃	♀	♄	☉	☽
1h-2h	☉	☽	♂	☿	♃	♀	♄
2h-3h	♀	♄	☉	☽	♂	☿	♃
3h-4h	☿	♃	♀	♄	☉	☽	♂
4h-5h	☽	♂	☿	♃	♀	♄	☉
5h-6h	♄	☉	☽	♂	☿	♃	♀
6h-7h	♃	♀	♄	☉	☽	♂	☿
7h-8h	♂	☿	♃	♀	♄	☉	☽
8h-9h	☉	☽	♂	☿	♃	♀	♄
9h-10h	♀	♄	☉	☽	♂	☿	♃
10h-11h	☿	♃	♀	♄	☉	☽	♂
11h-12h	☽	♂	☿	♃	♀	♄	☉
12h-13h	♄	☉	☽	♂	☿	♃	♀
13h-14h	♃	♀	♄	☉	☽	♂	☿
14h-15h	♂	☿	♃	♀	♄	☉	☽
15h-16h	☉	☽	♂	☿	♃	♀	♄
16h-17h	♀	♄	☉	☽	♂	☿	♃
17h-18h	☿	♃	♀	♄	☉	☽	♂

Zum Bestimmen des Geburten-Stromes der Planeten.

Tabelle nach einer Bardoninkarnation

♈ Widder: Ohren, Augen, Kopf, Gesicht
♉ Stier: Hals, Genick, Kehle, Stimme
♊ Zwillinge: ...... Schulter Arme
♋ Krebs: Lunge,Brust, Rippen, Busen
♌ Löwe: Zwerchfell, Rücken, Seite, Magen, Herz
♍ Jungfrau: Bauch, Darm, Gekröse
♎ Waage: Nabel, Lenden, Hinterteil, Nieren
♏ Skorpion: .... Vulva, Blase, (Harn?)
♐ Schütze: Hüfte, Schenkel
♑ Steinbock: ...... Knie
♒ Wassermann:... Schienbein
♓ Fische: Fuß

♄ Saturn: Rechtes Ohr, Zähne, Milz, Blase (Harn)
♃ Jupiter: Lunge, Rippe, Puls, Sperma, Leber
♂ Mars: Linkes Ohr, Niere, Vulva, Gallenblase
☉ Sonne: Hirn, Herz, rechtes Auge
♀ Venus: Busen, Lenden, Gebärmutter, Genital, Kehle, Leber
☿ Merkur: Zunge, Hände, Finger, Hirn, Gedächtnis
☽ Mond: Hirn, linken Auge, Bauch, Geschmack

♄ Saturn: Steinbock/Wassermann
♃ Jupiter: Schütze/Fische
♂ Mars: Widder/Skorpion
☉ Sonne: Löwe
♀ Venus: Stier/Waage
☿ Merkur: Zwilling/Jungfrau
☽ Mond: Krebs

△ Feuer: Widder/Löwe/Schütze
◿ Luft: Zwilling/Waage/Wassermann
▽ Wasser: Krebs/Skorpion/Fische
▿ Erde: Stier/Jungfrau/Steinbock

Einfluss der Tierkreiszeichen auf die Tages- und Nachtstunden

0-1 Uhr = Widder ♈
1-2 Uhr = Stier ♉
2-3 Uhr = Zwillinge ♊
3-4 Uhr = Krebs ♋
4-5 Uhr = Löwe ♌
5-6 Uhr = Jungfrau ♍
6-7 Uhr = Waage ♎
7-8 Uhr = Skorpion ♏
8-9 Uhr = Schütze ♐
9-10 Uhr = Steinbock ♑
10-11 Uhr = Wassermann ♒
11-12 Uhr = Fische ♓
12-13 Uhr = Widder ♈
13-14 Uhr = Stier ♉
14-15 Uhr = Zwillinge ♊
15-16 Uhr = Krebs ♋
16-17 Uhr = Löwe ♌
17-18 Uhr = Jungfrau ♍
18-19 Uhr = Waage ♎
19-20 Uhr = Skorpion ♏
20-21 Uhr = Schütze ♐
21-22 Uhr = Steinbock ♑
22-23 Uhr = Wassermann ♒
23-0 Uhr = Fische ♓

△ Element Feuer = Osten; Frühling
△ Element Luft = Süden; Sommer
▽ Element Wasser = Westen; Herbst
▽ Element Erde = Norden; Winter

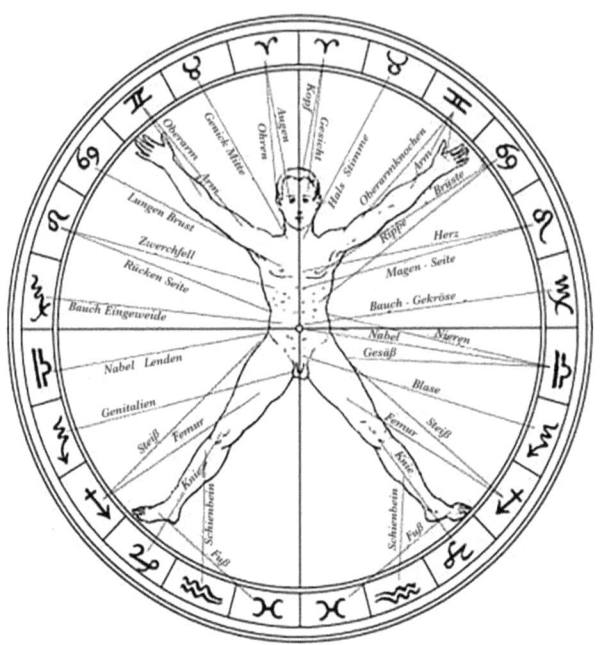

Dieses Bild von Robert Fludd zeigt einen Menschen in der Hagal-Runen-Stellung. Der Mittelpunkt wird auf dem Nabel (Akasha) verlegt. Dieser Mensch symbolisiert die Herrschaft über die Tierkreiszeichen durch diese magische Haltung!

*

7. Menschenform und Charakter:

Zu den vier Elementen entsprechend zählt die Form und der Charakter. Dafür ist die erste Bedingung für das Gelingen eines menschlichen Vorhabens die Prüfung und die Erkenntnis vom Wert oder Unwert der menschlichen Persönlichkeit: die vierpolige Selbsterkenntnis. Dann erst ist man befähigt, die Wertschätzung und Beurteilung der Mitmenschen zu unternehmen. Genauso wird der charakteristische Wert eines Samenkorns bestimmt nach der äußeren Gestalt. Aus der äußeren Beschaffenheit – der Form – einer Pflanze schließt man auf die Eigenart und das Innenleben. Nach der Beurteilung von Form und Gestalt wird z. B. die Rasse, die Art und der Wert der Nutz- und Zuchttiere bestimmt. Aus der sichtbaren Beschaffenheit des Bodens schließt man auf dessen innere Ergiebigkeit. Durch gründliche Beobachtung und erfahrungsgemäße Beurteilung der äußeren Form erkennt der Mensch den Wert: den Wesenskern des Tieres, der Pflanze und selbst des Steines. Derselben hermetischen Gesetzmäßigkeit des Erkennens unterliegt auch der menschliche Charakter. Aber mit fast unerklärlicher Hartnäckigkeit missachtet der Mensch gerade die einfachsten Naturgesetze. Unsere Kinder werden meist gar nicht gefragt, ob sie für einen Beruf Neigung oder Fähigkeiten haben. Man denkt gar nicht daran, festzustellen, ob sie auch die erforderlichen Anlagen zur Schaffenslust des bestimmten Berufes besitzen. Dafür soll diese Schrift über „Astro- und Erdmagie" dienlich sein. Um einen Menschen kennen zu lernen, fragt man nach seinem Beruf, Herkommen, Vermögen, Rang und Stand. Aber nach seinem Wollen und Können, nach seinen Anlagen und Fähigkeiten, seinen Gewohnheiten, Neigungen und Leidenschaften fragt man selten. So stützen wir alle gedankenlos alte Vorurteile und züchten neue Gewohnheiten, in der Schule und im Leben. Besitz, Titel und Rang entschieden bisher bei der Wertschätzung unserer Mitmenschen, unsrer Lehrer und Führer. Wir folgten ihren Suggestionen und schlugen darnach unsern Lebensweg ein. Uns leiteten immer die gleichen Voraussetzungen, ob wir einen Arzt brauchten, ob wir unser „Recht" vom Juristen oder Pflichterfüllung vom Beamten erwarteten. Aber unsere Talente ließen wir verkümmern. Die Impulse unserer Pädagogen liegen gefesselt in starren Dogmen. Unsere Schule gab uns nur Unwissen und zentnerschwer lastenden Ballast. Um unsere Anlagen und Impulse kümmerte sich kein „Seel"-Sorger. Deshalb sind wir so erfolglos. Die Ideale unserer Vorfahren – Isis, Zeus, Apollo, Wotan – zwingen uns noch immer Achtung und Ehrfurcht ab. Der Anblick dieser scheinbar starren Gebilde löst in uns eine lebendige Ehrfurcht aus: Nur ein reiches und seelenvolles Innenleben konnte so erhabene Symbole zeugen. Diese bestimmte Prägung der äußeren Form muss doch wohl einem bestimmten Charakter der Seele entsprechen. Und so erkennen wir den ganzen Wert der Goetheschen Wahrheit: **„Das eigentliche Studium der Menschheit ist der Mensch"**. Wir wissen, dass es möglich und naturgesetzlich logisch ist, die Anlagen und den Charakter des Menschen aus seinem Äußeren und aus seinen Äußerungen zu erkennen. Diese analogen Entsprechungen führen uns zu einer richtigen Wertschätzung und zu einer natürlichen Rangordnung der Menschen.

Für jedes Gebiet menschlicher Betätigung: für Politik und Wirtschaftsleben, für das Liebesleben, für Kinder- und Menschenerziehung, für Kunst, Philosophie und Religion eröffnen sich neue Bahnen. Wenn durch schablonenhafte Behandlung das Individuelle und Persönliche bisher ungenügend gewertet, durch Anschauungen und Zustände der Einzelne zur Nummer oder gar zur Ware degradiert wurde, dann lässt die Ausbreitung der Menschenkenntnis die Hoffnung dämmern, dass in Zukunft nur demjenigen Macht oder Verantwortung belassen oder anvertraut werden kann, der mit seinen Anlagen und Fähigkeiten, mit seinem Charakter entsprechende Garantien bietet. Wenn aber Menschenkenntnis Gemeingut geworden ist – wie das Einmaleins – wird auch dem Einzelnen Rückerts Worte Leitmotiv werden:

„Du kannst nicht sinken, wenn Du Dich erheben willst,
Wenn Du am Niedern nicht Dein Hochverlangen stillst.
Gewonnen ist das Ziel, wenn Du den Mut gewannst,
Dass Du schon jetzt bist viel und mehr stets werden kannst."

Jegliche hermetische Lehre stammt vom Ur-Vater der Magie: Hermes Trismegistos. Ernsthafte Versuche, die menschlichen Eigenarten zu klassifizieren, finden wir deswegen bereits bei den Ägyptern. Sie kannten und unterschieden vier Elemente: Feuer, Luft, Wasser und Erde. Diesen entsprachen die Begriffe von

- energischer und
- leichter Bewegung,
- Trägheit und
- relativer Ruhe.

Dem hermetischen Grundsatz folgend nahm man das analoge Bestehen von vier konstitutionell verschiedenen Menschenrassen an. Jeder Rasse schrieb man ein entsprechendes charakteristisches Temperament zu. Die Alten unterschieden also zwischen Rasse und Temperament nicht. Jahrtausende lang erhielten sich diese philosophischen Grundanschauungen. Die alte Anschauung über die Rasse hat die eine Feststellung gemein: jede Rasse hat ihre eigene Kultur. Jede Umbildung von geistigen, seelischen oder körperlichen Rassenmerkmalen unterliegt dem Gesetz der Evolution. Nur die Kulturarbeit vieler Generationen kann Rasseneigenheiten umformen. Im Laufe eines Menschenlebens ist eine wesentliche Änderung der seelisch-geistigen Rassenmerkmale durch entsprechende richtige Schulung möglich.

Zu beachten ist zunächst die neuerdings experimentell erwiesene Tatsache, dass durch konzentriertes Denken in bestimmter Richtung chemische Veränderungen des Blutes und der Säfte und dadurch wieder psychische Reaktionen ausgelöst werden. Wie Innen so Außen! Die praktische Psychologie hat nun die begriffliche Wertung des Wortes Temperament zweckmäßig erweitert: Temperament ist der Begriff für das Tempo und den Umfang der Bewegung des Menschen. Jeder Bewegungsvorgang des Menschen wird durch das Denken entsprechend beeinflusst. Wirkt nun ein Gedanke unter gewissen Bedingungen wiederholt mit der gleichen Stärke und Intensität auf irgendeine *Bewegung* ein, entsteht also hierdurch eine Gewohnheit in der Bewegung, so kann man von Temperament reden. Das Temperament ist also kein angeborener Konstitutionstyp, sondern entsteht als Wirkung und Folge einer Denk- und Charaktergewohnheit. Allerdings kann die Art und Weise, wie sich ein Mensch bewegt, seinen Charaktereigenschaften eine besondere Färbung geben, kann ihren Wert mindern oder erhöhen. Aus diesem Grunde ist das jeweilige Temperament des Menschen bei der Beurteilung seines Charakters entsprechend zu berücksichtigen. Denn abgesehen von der Verschmelzung der Begriffe Rasse und Temperament sind die Alten mit ihrer meisterhaft logischen Einteilung bis heute nicht überholt worden. Wir unterscheiden also:

1. Das cholerische Temperament.

Der Choleriker ist grob gesehen: sehr leicht reizbar, impulsiv, feurig, heftig, aufbrausend. Mimische Kennzeichen: Die Gesamthaltung ist bestimmt energisch, die Muskeln und die Haut in straffer Spannung, die Sprechweise meist kurz und schnell, die Stirn meist gefurcht, der Blick fest und feurig oder flackernd bzw. lodernd, das Weiße des Augapfels meist gerötet, die Nasenflügel lebhaft vibrierend, die Lippen in der Ruhe fest geschlossen. Geht das cholerische Temperament – krankhaft gesteigert – in einen dauernden Gemütszustand über, so entsteht die pathologische Form: die Tobsucht.

2. Das sanguinische Temperament.

Der Sanguiniker ist grob gesehen: lebhaft, beweglich, fröhlich, sich jeder Lebenslage leicht anpassend. Mimische Kennzeichen: Die Gesamthaltung ist ungezwungen, leichtbewegt, die Muskeln und die Haut elastisch, die Sprechweise lebhaft, warm, die Stirn meist glatt und faltenlos, der Blick lebhaft, offen, heiter, zutraulich, die Lippen leicht erregbar. Geht das sanguinische Temperament – ungünstig beeinflusst – in einen dauernden Gemütszustand über, so entsteht Leichtsinn. Krankhaft gesteigert entsteht die pathologische Form: der Größenwahn.

3. Das melancholische Temperament.

Der Melancholiker ist grob gesehen: nachdenklich, grüblerisch, verdrießlich. Mimische Kennzeichen: Die Gesamthaltung ist schlaff, Muskeln und Haut meist blutleer, ohne Spannung, die Sprechweise vorsichtig, zögernd, bedächtig, monoton, die Stirn meist gefurcht, der Blick matt, wehmütig (wie abwesend), der Mund hat oft den „bitteren Zug". Geht das melancholische Temperament – krankhaft gesteigert – in einen dauernden Gemütszustand über, so entstehen pathologische Formen: Irrsinn, Tiefsinn, Verfolgungswahn.

4. Das phlegmatische Temperament.

Der Phlegmatiker ist grob gesehen: schwer erregbar, träge, schwerfällig, gleichgültig. Mimische Kennzeichen: Die Gesamthaltung ist plump und schwerfällig, Muskeln und Haut sind weich (schwammig), schlaff und ohne Spannung, die Sprechweise ruhig, ausdruckslos, langsam, die Stirn ausdruckslos, der Blick träge, schläfrig, matt. Geht das phlegmatische Temperament – gesteigert – in einen dauernden pathologischen Gemütszustand über, so entsteht Apathie.

*

Die Stärke eines Temperamentes ist abhängig von der individuellen Reizbarkeit, die Sensitivität von der Konstitution und dem allgemeinen Gesundheitszustande des Menschen.

Der unfertige, unselbständige Mensch, dem es an Selbstbewusstsein mangelt, lässt sich von äußeren Einflüssen bewegen und wird zum Spielball der ihn umgebenden Suggestionen. Fremde Impulse bestimmen

„sein" Denken und machen ihn zum negativen Stimmungsmenschen. Der indifferente, unselbständige Charakter wird von Stimmungen zeitweise völlig beherrscht. Ein Temperament, das seinem Werden Tempo und Richtung gibt, besitzt ein solcher Halbmensch nicht. Das willensstarke, selbständig denkende Individuum hat Temperament, das allerdings seinen Charaktereigenschaften, wie gesagt, eine entsprechende Färbung gibt. Das Temperament ist veränderlich, seine Umbildung ist vom Willen abhängig.

> „Hab ich des Menschen Kern erst untersucht,
> So weiß ich auch sein Wollen und sein Handeln."
> (Wallenstein).

Nur wenn Wollen, Denken und Empfinden zusammenschwingen, kann eine harmonische Tat geboren werden! Der harmonische Mensch wirkt allzeitig und allseitig fördernd und produktiv. Er ist Schöpfer, Erhalter und sinnvoller Zerstörer! Er steht mit beiden Füßen auf der geliebten Muttererde und strebt nach Veredelung und Vollendung: er geht vorwärts und aufwärts. Sein unerschöpflicher Quell ist Wahrheit, sein Mittel Liebe und sein Zweck Vollendung. Ein Mensch, dem ein großes Können und ein starkes Wollen die Überwindung aller Hindernisse ermöglicht, dessen Empfinden aber unkultiviert blieb, kann nicht harmonisch wirken. Er geht unter Umständen über Leichen.

Disharmonisch wirken aber auch Naturen, deren Können (Denken) durch ein starkes Wollen angeregt, durch Überempfindlichkeit aber behindert wird. Aber ein Zersplitterer seiner Kräfte ist der Mensch, der trotz der feinsten Gefühlsregungen nicht begreifen lernt, dass Wollen und Fühlen in harmonischem Kräfteverhältnis stehen müssen, zwischen beiden das dämpfende Denken steht.

Der disharmonische Mensch wirkt, wenn nicht direkt zerstörend, mindestens unproduktiv. Er entnimmt das zu seinem Aufbau Nötige seiner Umgebung, ohne wieder ausgleichen zu können. Wo er sich äußert, dient er mehr dem Vergehen als dem Werden. Er kann die Wahrheit nicht verwerten und kann sich mit dem geistigen Grundgesetz – der Liebe – nicht in harmonische Schwingung setzen. Er kennt nur Eigenliebe oder Gewalt.

Jeder Mensch muss die Richtung seines Weges zu erkennen suchen. Er muss sich fragen: Wie wirke ich, aufbauend oder sinnlos zerstörend?! Dann aber soll er sich auch die Wahrheit einprägen: dass die Menschennatur plastisch ist, d. h. nicht nur ausdrucksfähig, sondern auch eindrucksfähig!

Das Suchen nach dem Grunde eröffnet uns drei Erkenntnismöglichkeiten:
- Erstens ist die physische Erbanlage zu berücksichtigen, d. h. das, was der Mensch „von Haus aus" von seinem Elternpaar als rein physische Lebensbedingung persönlich ererbt hat,
- dann aber sind die seelisch-astralen Erbanlagen zu bedenken, deren Ursachen nur jeder selbst erforschen kann. Das, was der Inder selbstgeschaffenes „Karma" nennt, ist eine Tatsache, von der wir uns alle in diesem physischen Leben überzeugen können. Es erscheint auch unlogisch, das Kausalgesetz, das Gesetz von den Zusammenhängen zwischen Ursache und Wirkung, das im ganzen kosmischen Geschehen Geltung hat, ausgerechnet auf das Menschenleben nicht anwenden zu wollen.
- Drittens sind rein mentale Einflüsse nachweisbar, für deren Ergründung aber die gewöhnlichen Sinne des Menschen zu grobstofflich sind. Aber sinnlich, wahrnehmbar sind die Folgen solcher Einflüsse. So äußern sich beispielsweise Sonnen- und Mond-Einflüsse im Gedanken-, Gemüts- und im Sexualleben aller Menschen mit erkennbarer Deutlichkeit.

Wenn wir – mit absoluter Toleranz – ehrlich nach dem Grunde suchen, werden wir, soweit dies für unser physisches Leben zweckmäßig sein darf, in den genannten drei Einflussgebieten auch Erklärungen finden für die Fragen, die uns in einer gewissen Zeit der Unreife noch Rätsel sind. Der Bewusstseinsinhalt eines rätselhaften Menschen – eines widerspruchsvoll erscheinenden Charakters – wird uns erst klar, wenn wir alle Erkenntnismöglichkeiten zur Charakterforschung ausnutzen.

*

Ob die Formen eines Menschen als „schön" bezeichnet werden oder ob der Charakter das Prädikat „gut" erhalten soll, ist Geschmackssache. Wissenschaftliche Normen hierfür gibt es nicht. Das Schönheitsempfinden des Einzelnen ist begrenzt vom Horizont seiner sinnlichen Vorstellungswelt und von den Einflüssen der Kulturgemeinschaft einer Zeit, die sich im Einzelnen spiegeln. Was dem einen schön erscheint, kann ein anderer hässlich nennen. Und genau so verhält es sich mit den Ansichten und Meinungen über gut und schlecht. Die alten Griechen, die doch auch ein „Kulturvolk" waren, hatten für schön und gut überhaupt nur einen Begriff. Je vollendeter der innere Mensch, desto harmonischer seine äußere Form. Also: die Entfaltung der Anlagen, die Entwicklung der Fähigkeiten und die

Veredlung der Triebkräfte führen zur Vollendung des Menschen. Welche Stufe der Einzelne erreicht hat, drückt sich aus durch mehr oder weniger Harmonie in der äußeren Erscheinungsform. Strebt der Mensch nach Vollendung, dann ist er auch auf dem Wege zur Harmonie.

Gut oder schlecht, schön oder hässlich sind relative Begriffe, eigentlich wertlos, denn Wertmesser sind sie nicht. Wer will denn ernstlich zwischen weniger gut und weniger schlecht unterscheiden? Absolut ist nur die Harmonie! Freude aber ist Harmonie der Seele. Das Streben des Menschen nach universeller Freude ist der Ausdruck seiner Sehnsucht nach der Harmonie im Absoluten . . . Deshalb:

Lasst uns freudig an die Arbeit gehn,
lasst uns Freude – nur Freude – verbreiten,
und freuend uns vollenden.

Ungefähres Aussehen	Vorderansicht	Seitenansicht	Astrologische Entsprechungen der 12 Tierkreiszeichen
Rundkopf			Widder, Stier, Zwillinge, Krebs
Langkopf (Hochkopf)			Schütze, Steinbock, Wage, Skorpion
Breitkopf			Löwe, Jungfrau, Wassermann, Fische

Art und Trigon:	Rundkopf	Langkopf	Breitkopf	Temperamente
Feuerzeichen	Widder	Schütze	Löwe	cholerisch
Erdzeichen	Stier	Steinbock	Jungfrau	melancholisch
Luftzeichen	Zwillinge	Wage	Wassermann	sanguinisch
Wasserzeichen	Krebs	Skorpion	Fische	phlegmatisch

Diese grafische Anschauung gibt am besten Aufschluss über die Schädelzuordnung zu den vier Elementen für die Bestimmung des menschlichen Charakters.

42

8. Die 12 einzelnen Tierkreiszeichen:

In den jetzt folgenden Beschreibungen werden die astronomisch-mythologischen Sternbilder konsequent mit ihren Namen geschildert. Deren ursprünglicher Name stammt aus der griechischen Mythologie und wurden in die astrologischen Tierkreiszeichen eingedeutscht. Außerdem zeigt anschauliche eine geometrische Zeichnung deren Zusammenhänge zwischen der Dreier- und Viergruppe.

Die Tierkreiszeichen haben eine doppelte Funktion: Einerseits sind sie die „Häuser" (Domizile) der Planetengötter (siehe später), andererseits prägen sie die menschlichen Charaktere. Ein Mensch kann typische Widder-, Stier-, Zwillinge- usw. -Eigenschaften besitzen.

Für jedes Tierkreiszeichen gebe ich auch die physischen Zuordnungen. Der aufmerksame Leser wird feststellen, dass diese Entsprechungen (Körperteile, Organe) von oben (Widder = Kopf) nach unten (Fische = Füße) gehen.

Widder (Aries):

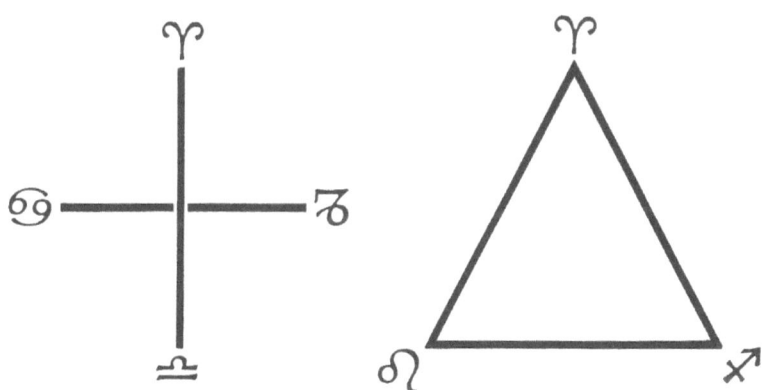

Das kardinale Kreuz – die Feuer-Zeichen:

Die Namensgebung wird vor allem mit der Geschichte des griechischen Helden Iason, Führer der Argonauten, und des goldenen Vlieses, dem Stein der Weisen verbunden. Das goldene Vlies war das Fell eines Zeus geopferten Widders (das Schöpferische). Das Vlies wurde in einem Ares (=

Mars) geweihten Wald von einem Drachen bewacht. Iason *tötete* den Drachen – das Große Tier – und gewann mit Hilfe der Königstochter Medea, die sich in Iason verliebt hatte, das Vlies, den Roten Löwen! Er heiratete Medea, verstieß sie aber später und ging schließlich an ihrer Rache zu Grunde. Diese Sage hat den für das Zeichen Widder und seinen Herrscher Mars kennzeichnenden Männermut als Hauptthema. Iason und seine Argonauten vollbringen unglaublich tapfere Taten, können dabei allerdings auf weibliche Hilfe nicht verzichten zum Zweck des Ausgleichs. Die Moral: Mann und Frau (Mars und Venus) brauchen einander. Wer das, wie Iason nicht begreift, geht daran zugrunde.

Das Tierkreiszeichen Widder:

– Natur: erstes Feuerzeichen, männlich, kardinal, warm und trocken.
– Würden: männliches Domizil von Mars, Erhöhung der Sonne, Triplizität von Jupiter, Exil von Venus, Fall von Saturn.
– Physisch: Kopf, Kiefer, Kinn, Zähne usw.
– Sonne im Widder: ca. 21. März bis 21. April.
– 1. Himmelszeichen, von 0 – 30 Grad.
– Dienstag – Mars – Farbe rot – Zahl 9.

*

Stier (Taurus)

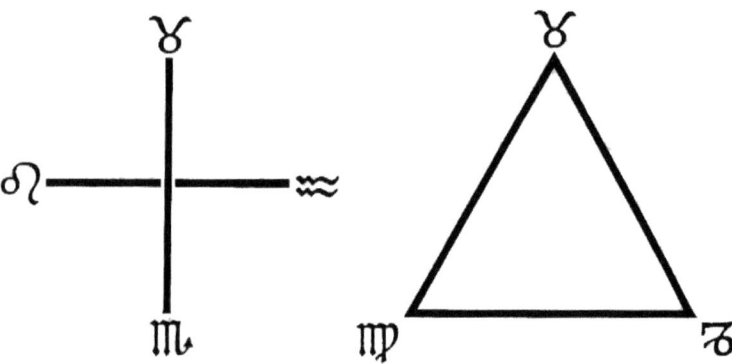

Das feste Kreuz – die Erd-Zeichen:

Es gibt in der griechischen Mythologie mehrere Geschichten, in denen ein

Stier eine wichtige Rolle spielt. So entführte Zeus in der Gestalt eines Stiers die schöne Königstochter Europa. Theseus tötete mit Hilfe von Ariadne das Ungeheuer Minotaurus im kretensischen Labyrinth. Aber der wichtigste Grund für den Stier am Himmel ist zweifellos, dass dieses Tier in vielen Kulturen ein Fruchtbarkeitssymbol war. So war der Stier dem griechischen Gott Dionysos (oder Bacchus, das Große Tier, dessen Vater Pan ist!) geweiht, der als Vegetationsgott, als Gott der Baumzucht und des Weins sowie als Fruchtbarkeitsgott verehrt wurde. In Dichtung und Kunst erscheint Dionysos oft als Bock oder Stier, welches seine wahre Gestalt verkörpert. Sein Gefolge bestand u. a. aus in Rausch versetzten Anhängerinnen und Nymphen, was die Anwesenheit der Hyaden und Plejaden im Sternbild Taurus erklären kann.

Das Tierkreiszeichen Stier:

- Natur: erstes Erdzeichen, weiblich, fest, kalt und trocken.
- Würden: weibliches Domizil von Venus, Erhöhung des Mondes, Exil von Mars.
- Physisch: Nacken, Hals, Kehlkopf, Speiseröhre, Stimmorgane.
- Sonne im Stier: ca. 22. April bis 21. Mai.
- Von 30 – 60 Grad; Venus, Freitag, Farbe grün, Zahl 6.

*

Zwillinge (Gemini):

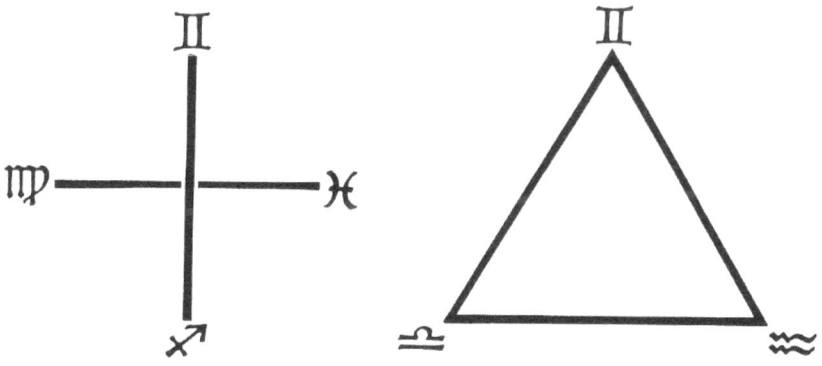

Das bewegliche Kreuz – die luftigen Zeichen:

45

Die beiden hellsten Sterne sind Castor und Pollux, die die Zwillinge darstellen. Sie sind die Söhne des Zeus. Ihre Mutter ist Leda, bei der Zeus in der Gestalt eines Schwans die beiden Söhne zeugte. Aus verschiedenen, teilweise düsteren Gründen war Castor sterblich und Pollux unsterblich. Sie waren tapfere Helden und trennten sich nie voneinander. Als Castor in einem Kampf starb, war Pollux untröstlich und bat seinen Vater, Castor wieder ins Leben zurückzuholen. Zeus hatte nicht die Macht dazu, aber kam mit Hades, dem Gott der Unterwelt, überein, dass Castor jeden zweiten Tag bei Pollux auf dem Olymp verbleiben durfte. Pollux entschloss sich dann, den anderen Tag mit Castor in die Unterwelt zu gehen, sodass sie von nun an immer zusammen sein konnten.

Das Tierkreiszeichen Zwillinge:

- Natur: erstes Luftzeichen, männlich, beweglich, warm und feucht.
- Würden: männliches Domizil von Merkur, Triplizität von Saturn, Exil von Jupiter.
- Physisch: Luftröhre, Bronchien, Schultern, Arme, Hände, Nerven.
- Sonne in den Zwillingen: ca. 22. Mai bis 21. Juni.
- Von 60 – 90 Grad, Stier, Mittwoch, Farbe grau, Zahl 5.

*

Krebs (Cancer):

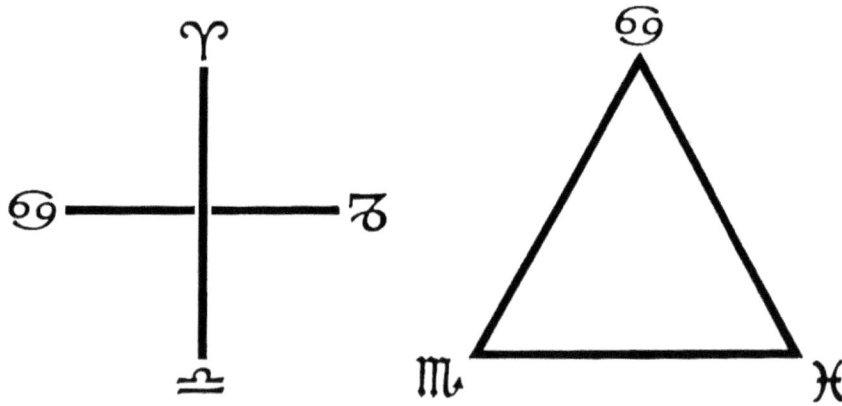

Das kardinale Kreuz – die Wasser-Zeichen:

46

Zwischen den auffälligen Sternbildern Zwilling und Löwe befindet sich das unscheinbare Sternbild Krebs, das mit einiger Fantasie einer Krabbenschere gleicht. Dem griechischen Sagenheld und Halbgott Herakles, Sohn von Zeus und Alkmene, wurden *zwölf* Aufgaben aufgetragen. Die zweite Aufgabe war die Tötung der *neunköpfigen* Schlange Hydra, die in einem Sumpf lebte. Bei dieser Aufgabe wurde unser Held von einem riesigen Krebs, der aus dem Sumpf gekrochen kam, angegriffen. Mit großer Mühe gelang es Herakles, Krebs und Schlange zu töten. Zeus´ Gemahlin Hera hasste Herakles, weil er der Sohn einer der „Geliebten" ihres Mannes war, und hatte den Krebs auf ihn losgehetzt. Als Dank für seine Bemühungen gab Hera dem Tier einen Platz am Himmel. Während der Krebs Herakles unterlag, schaffte er es jedoch, am Himmel die Sonne zu besiegen. Im Zeichen Krebs hat die Sonne ihren Höhepunkt erreicht, und die Tage werden wieder kürzer.

Das Tierkreiszeichen Krebs:

- Natur: erstes Wasserzeichen, weiblich, kardinal, kalt und feucht.
- Würden: Domizil des Mondes, Erhöhung von Jupiter, Exil von Saturn, Fall von Mars.
- Physisch: Magen, Lymphe, Brustdrüsen, Lungen.
- Sonne im Krebs: ca. 22. Juni bis 22. Juli.
- Von 90 – 120 Grad, das 4. Haus (Mond), Montag, Farbe blau, Zahlen 2 und 7.

*

Löwe (Leo):

Der Löwe ist in vielen Kulturen der König der Tiere und ist seit alters her ein Symbol für Kraft und Königswürde wie die Sonne. Nur ein echter Held wie Herakles kann ein Tier von diesem Kaliber schlagen. Es war Herakles, der den Nemeischen Löwen, der laut der griechischen Sage in Städten und Dörfern wütete, besiegte.

Das Tierkreiszeichen Löwe:

- Natur: zweites Feuerzeichen, männlich, fest, warm und trocken.
- Würden: Domizil der Sonne, Triplizität von Jupiter, Exil von

Saturn.
- Physisch: Herz, Kreislauf, Rücken, Wirbelsäule, Leber.
- Sonne im Löwen: ca. 23. Juli bis ca. 22. August.
- 120 – 150 Grad, Haus der Sonne, Sonntag, Zahl 1, Farbe gelb.

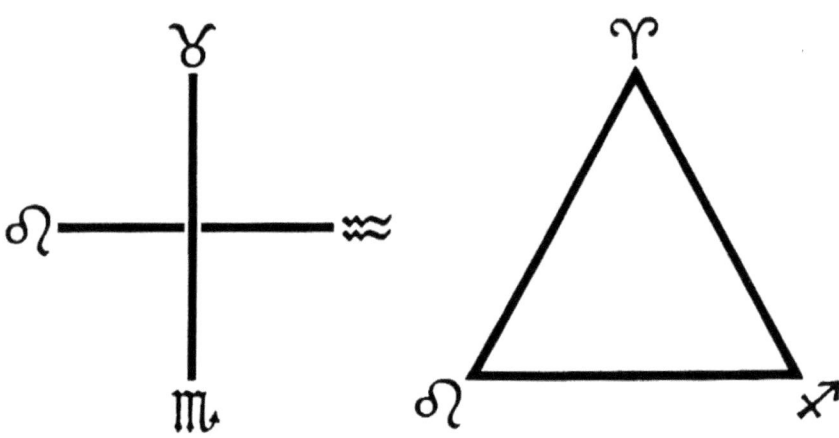

Das feste Kreuz – die Feuer-Zeichen:

*

Jungfrau (Virgo):

Neben dem königlichen Leo befindet sich das Sternbild der dienenden Jungfrau. Dieses Sternbild wird mit Persephone, der Tochter der Getreidegöttin Demeter in Verbindung gebracht. Die Jungfrau Persephone wurde während ihres Spiels in den blühenden Wiesen vom Gott der Unterwelt Hades geraubt und zu seiner Gemahlin gemacht. Ihre Mutter war untröstlich und kümmerte sich nicht mehr um die Pflanzen, sodass alles verdorrte. Wie für die beiden Zwillinge Castor und Pollux fand Zeus auch hier den folgenden Kompromiss: Persephone verbringt ein halbes Jahr bei ihrem Mann in der Unterwelt und ein halbes Jahr bei ihrer Mutter auf der Erde. Bei Hades ist sie im Winter, wenn die Natur schläft, bei Demeter im Sommer, wenn alles wächst und blüht. Im August, dem Erntemonat, tritt die Sonne in die Jungfrau. Deshalb wurde das Zeichen Jungfrau von den Arabern Spica genannt, was Getreidehalm bedeutet.

48

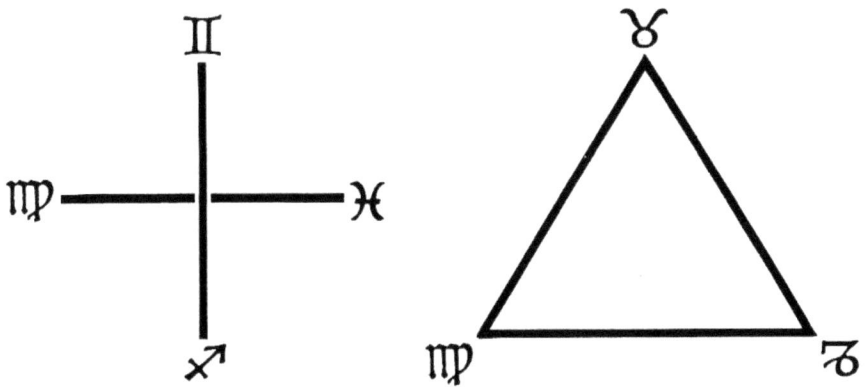

Das bewegliche Kreuz – die Erd-Zeichen.

Das Tierkreiszeichen Jungfrau:

- Natur: zweites Erdzeichen, weiblich, beweglich, kalt und trocken.
- Würden: weibliches Domizil und Erhöhung von Merkur, Triplizität des Mondes, Exil von Jupiter, Fall von Venus.
- Physisch: Darm, Blinddarm, Verdauungsorgane, Bauch, Eingeweide, Milz.
- Sonne in der Jungfrau: ca. 23. August bis 22. September.
- 150 – 180 Grad, 1. Haus des Merkur, Mittwoch, Farbe grau, Zahl 10.

*

Waage (Libra):

Die drei hellsten Sterne dieses Bildes bilden ein regelmäßiges Dreieck, an dem die beiden Schalen der Waage hängen. Wenn die Sonne um den 22. September in die Waage tritt, sind Tag und Nacht wieder gleich lang und ein Gleichgewicht wird wiederhergestellt. Aus diesem Grunde wurde die Waage schon seit alters her mit der Gerechtigkeit verbunden, deren Personifizierung Justitia ist, eine Frau mit Schwert und Waage, später auch mit verbundenen Augen.

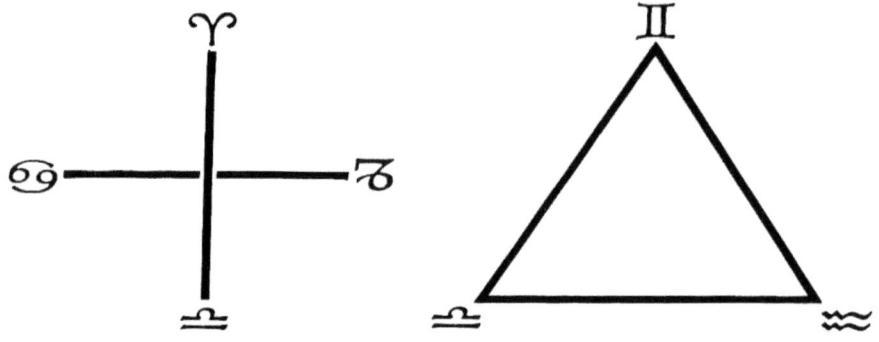

Das kardinale Kreuz – die Luftigen-Zeichen:

Das Tierkreiszeichen Waage:

- Natur: zweites Luftzeichen, männlich, kardinal, warm und feucht.
- Würden: männliches Domizil von Venus, Erhöhung von Saturn, Triplizität von Merkur, Exil von Mars, Fall der Sonne.
- Physisch: Nieren, Venen, Hormone, Ausscheidungsorgane, Leisten, Gebärmutter, Gelenke.
- Sonne in der Waage: ca. 23. September bis 23. Oktober.
- Von 180 – 210 Grad, Venus, Freitag, Farbe grün, Zahl 6.

*

Skorpion (Scorpio):

Orion, der gewalttätige Jäger in der griechischen Mythologie, stellte eine richtige Bedrohung dar, insbesondere wenn er betrunken war. Keine Frau, noch nicht einmal seine Stiefmutter, war vor ihm sicher. Wir wissen bereits, dass er sich auch an den Plejaden vergreifen wollte, und so wurde er schließlich zur Gefahr für die ganze Natur. Artemis, die Göttin der Jagd, der Keuschheit und der unberührten Natur, schickte einen riesigen Skorpion auf ihn los, von dem Orion schließlich getötet wurde. Warum heißt das Sternbild, in das die Sonne im Oktober eintritt, Skorpion? Wenn im Mittelmeerraum alles, was in den vorherigen Monaten geerntet wurde, in Scheunen gelagert wird, dann zieht das vielerlei Insekten an, auf welche die Skorpione lauern. Der Skorpion wurde damit nicht nur ein Todessymbol und ein Symbol der Gefahr und der Fäule, sondern auch der Reinigung. Orion bedroht das Leben auf der Erde, ein Skorpion tötet ihn!

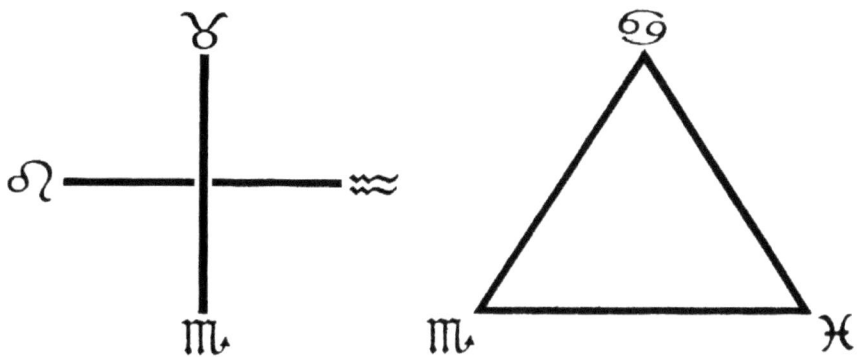

Das feste Kreuz – die Wasser-Zeichen:

Das Tierkreiszeichen Skorpion:

- Natur: zweites Wasserzeichen, weiblich, fest, kalt und feucht.
- Würden: weibliches Domizil von Mars, Exil von Venus, Fall des Mondes.
- Physisch: Genitalorgane, Blase.
- Sonne im Skorpion: ca. 24. Oktober bis 22. November.
- 210 – 240 Grad, 1. Haus des Mars, Dienstag, Farbe rot, Zahl 13.

*

Schütze (Sagittarius):

Der Schütze wird wie immer als Kentaur abgebildet, ein Fabelwesen aus der griechischen Mythologie mit Pferdeleib und menschlichem Oberkörper, das seinen Pfeil treffsicher auf ein höher gelegenes Ziel richtet. Die Botschaft ist klar: Der Mensch verliert zwar nie seine tierischen Instinkte, kann diese aber mit großer Willenskraft zügeln und weite, spirituelle Ziele erreichen.

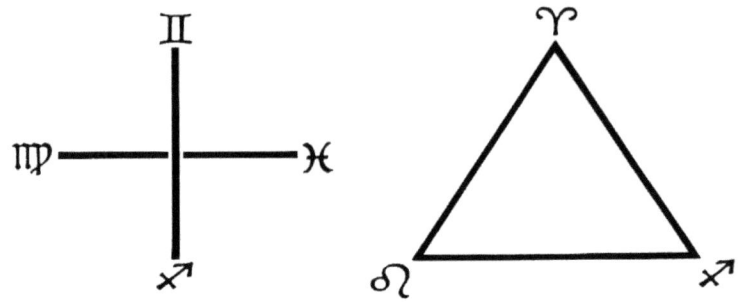

Das bewegliche Kreuz – die Feuer-Zeichen:

Das Tierkreiszeichen Schütze:

- Natur: drittes Feuerzeichen, männlich, beweglich, warm und trocken.
- Würden: männliches Domizil von Jupiter, Triplizität der Sonne, Exil von Merkur.
- Physisch: Bewegungsmuskulatur, Hüfte, Oberschenkel, Becken.
- Sonne im Schützen: ca. 23. November bis 21. Dezember.
- Von 240 – 270 Grad, 1. Haus von Jupiter, Donnerstag, Farbe blau, Zahl 3.

*

Steinbock (Capricomus):

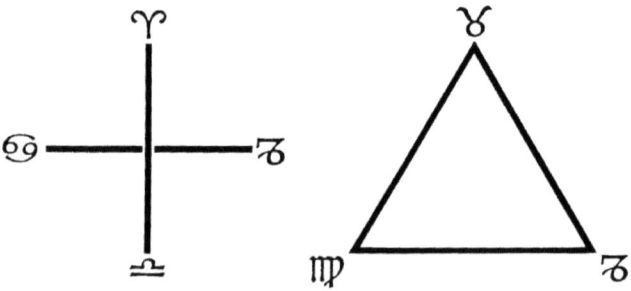

Das kardinale Kreuz – die Erd-Zeichen:

Aus Angst, die Herrschaft zu verlieren, verschlang der Gott Kronos (Saturn) alle seine Kinder. Nur Zeus entkam diesem Schicksal, weil er von seiner Mutter Rhea auf Kreta versteckt wurde, wo Zeus von der Ziege Almathea gesäugt und großgezogen wurde. Als Zeus erwachsen war, fehlten ihm Waffen im Kampf gegen die Titanen. Das Orakel riet Zeus, Almathea zu töten und sich deren Fell, das ihm Unverletzbarkeit verleihen würde, umzuhängen. Aus Dankbarkeit gab Zeus Almathea einen Platz am Himmel. Das Sternbild wurde dann später Steinbock genannt.

Das Tierkreiszeichen Steinbock:

- Natur: drittes Erdzeichen, weiblich, kardinal, kalt und trocken.
- Würden: weibliches Domizil von Saturn, Erhöhung von Mars, Triplizität von Venus, Exil des Mondes, Fall von Jupiter.
- Physisch: Haut, Knochen, Knie.
- Sonne im Steinbock: ca. 22. Dezember bis 22. Januar.
- 270 – 300 Grad, 1 Haus des Saturn, Samstag, Farbe schwarz, Zahl 8.

*

Wassermann (Aquarius):

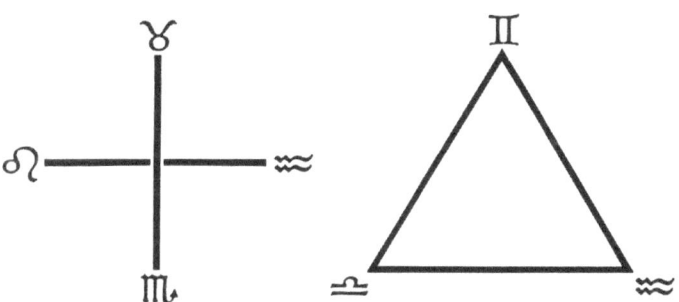

Das feste Kreuz – die Luftigen-Zeichen:

Der Wassermann wird als ein Mann abgebildet, der aus einer Urne überflüssiges Wasser gießt. Das Sternbild wird auch mit der in allen Kulturen anwesenden Mythe der Sintflut in Verbindung gebracht, die laut der griechischen Mythologie nur von Deucalion und Pyrrha überlebt wurde.

Das Tierkreiszeichen Wassermann:

- Natur: Drittes Luftzeichen, männlich, fest, warm und feucht.
- Würden: Männliches Domizil von Saturn, Triplizität von Merkur, Exil der Sonne.
- Physisch: Waden, Zentralnervensystem, Unterschenkel, Schienbein, Knöchel.
- Sonne im Wassermann: ca. 21. Januar bis 19. Februar.
- 300 – 330 Grad, 2. Haus des Saturn, Samstag, alle Bernstein-Farben, Zahl 10.

*

Fische (Pisces):

Thales von Milet, der Vater der westlichen Philosophie, meinte, das Fruchtbarkeit bringende *Wasser* sei die Arche oder der Ursprung aller Dinge. Laut der griechischen Mythologie hat das Wasser diese Fruchtbarkeit Venus zu verdanken. Einmal musste Venus sich und ihren kleinen Sohn Amor vor dem schrecklichen Feuerdrachen Typhoon in Sicherheit bringen. Sie tauchte mit Amor ins Wasser, wo der Drache sie nicht erreichen konnte, und die beiden verwandelten sich in Fische. Aus Dankbarkeit für diese Rettung schenkte Venus den Gewässern der Welt und ihren Bewohnern große Fruchtbarkeit. Diese Fruchtbarkeit des Wassers tritt auch in einer Reihe von Volksmärchen zu Tage, in denen ein Fisch einem armen Fischer alle Reichtümer der Welt schenkt.

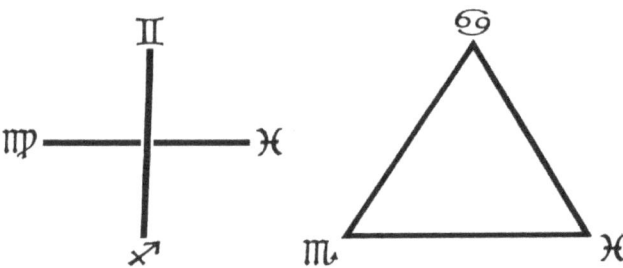

Das bewegliche Kreuz – die Wasser-Zeichen:

54

Das Tierkreiszeichen Fische:

- Natur: Drittes Wasserzeichen, weiblich, beweglich, kalt und feucht.
- Würden: Weibliches Domizil von Jupiter, Erhöhung von Venus, Triplizität von Mars, Exil und Fall von Merkur.
- Physisch: Füße.
- Sonne in den Fischen: ca. 20. Februar bis 2l. März.
- 330 – 360 Grad, 2. Haus des Jupiter, Farbe blau, Zahl 11.

*

9. Die hermetische Häuser-Methode:

Die 12 Jupiter-Genien entsprechen in ihrem Machtbereich exakt jedem einzelnen Tierkreiszeichen bzw. eines jeden astrologischen Hauses. Der unter einem Zeichen geborene kann die Eigenschaften zur Beherrschung seiner selbst verwenden, wie sie Franz Bardon in seiner „Evokation" verzeichnet hat. Die negativen Züge kann er durch Verdrehung der positiven ermitteln. Beginnen wir wie es Bardon in seiner „Evokation" bekannt gibt mit dem Widder; die Daten findet man im entsprechenden Kapitel. Jeder in einem Tierkreiszeichen geborene unterliegt ausnahmslos einer dieser angeführten Ideen.

Nach dem obigen magischen Quadrat entfallen zwei Buchstaben, die mit dem jeweiligen Tierkreiszeichen leicht in engere Beziehung zu bringen sind, namentlich, wenn man sie in Runenwerte verwandelt. Unter jedem Vorsteher stehen die Runen, welche eine weitere Erklärung zu ihnen geben. Es erübrigt sich dabei jede Rechnerei:

1. Malchjdael – Tierkreiszeichen Widder – 1. Haus:

ist der 1. Genius der Jupitersphäre, der das **elektrische Fluid** in der gesamten kosmischen Rangordnung im Gleichgewicht hält. Zu seinen Aufgaben gehört die Belebung alles Erschaffenen in allen drei Reichen auf unserer Erde und in der Erdgürtelzone. Im Menschen und in allen sonstigen Lebewesen leitet und überwacht Malchjdael den **Willen und die Aktivität**. Kommt ein Magier mit diesem Urgenius in Verbindung, so kann er von ihm über letzteres alles erfahren und wird außerdem mit Methoden bekannt gemacht, die es dem Magier ermöglichen, durch Magie und Quabbalah die Aktivität je nach Belieben zu steigern oder zu verringern. Mit Hilfe der von diesem Genius erhaltenen Anleitungen kann der Magier durch Magie und Quabbalah einen derartigen Manifestationszustand des Glaubens hervorrufen, dass er auf Grund dieser Aktivität in der gesamten kosmischen Weltordnung Wunderdinge hervorruft, von denen sich ein Laie keinerlei Vorstellung machen kann. Von Malchjdael kann dem Magier ferner die Initiation über das Urelement des Feuers in allen Aspekten und Parallelen im Mikro- und Makrokosmos gegeben werden; desgleichen Anleitungen und Methoden, auf welche Weise durch Magie und Quabbalah dieses Urelement in allen Phasen zu beherrschen ist, um zum absoluten Herrn der Aktivität im Mikro und Makrokosmos zu werden. Noch mit vielen anderen Gesetzen, Weisheiten und mit viel Wissen, sämtlich die Aktivität das elektrische Fluid, das Urelement des Feuers, die Prinzipien des Lichtes u. dgl. m. betreffend, kann dieser Urgenius den Magier nicht nur bekanntmachen, sondern ihm durch ein geeignetes Abisheka – Machtübertragung – alle diesbezüglichen Kräfte zugänglich machen. In der Sphärenmagie gehört dieser Urgenius zu den Mächtigsten, und kein Magier wird es unterlassen, mit ihm in Kontakt zu kommen, da er durch diese Verbindung in der kosmischen Rangordnung eine Macht erringt, die ihm – etwa mit Ausnahme der Uranus-Intelligenzen – keine einzige Intelligenz aller übrigen Sphären geben kann.

A-R: Kraft und Wille. Der Widder ist „Aries", das Haus der Sonne. Es ist die Hochzeit, Ostern in der Natur, wo die Kraftströme des Frühlings am reichlichsten fließen; Adler, hohes Streben.

2. Asmodel – Tierkreiszeichen Stier – 2. Haus:

ist der 2. Urgenius der Jupitersphäre. Diesem steht die Überwachung und Leitung des Urprinzipes der **kosmischen Liebe** mit allen Aspekten und Parallelen in allen Sphären, Ebenen und Planeten der gesamten kosmischen Weltordnung zu. Welcher Magier mit diesem Urgenius in Verbindung treten will, wird die tiefsten Mysterien der Liebe nicht nur gefühls- und verstandesmäßig, sondern auch vom Standpunkte der Weisheit aus erfassen können. Dieser Urgenius erklärt dem Magier, auf welche Weise eine jede kosmische Liebesschwingung einer jeden Sphäre, ob nun durch Evokation oder durch das mentale Wandern, ob durch Magie oder Quabbalah, hervorgerufen werden kann. Alle Wunder, die sich in der Liebe durch Magie und Quabbalah hervorrufen und realisieren lassen, und zwar nicht nur auf unserer grobstofflichen Welt oder auf unserer Erdgürtelzone, sondern auf allen übrigen Planeten und Sphären, kann dieser Genius dem Magier zugänglich machen. Von Asmodel werden alle Wege der Heiligkeit, die die Göttlichkeit im Liebesaspekt sehen, geleitet, und über alle Aspekte wird der bewußte Sphärenmagier sowohl theoretisch als auch praktisch unterrichtet. Jener Magier, der sich für die Mysterien der kosmischen Liebe in der gesamten kosmischen Weltordnung interessiert, wird in diesem Genius einen der besten Ur-Initiatoren finden.

E-P: Gesetz – Entstehung. (P = Sohnesrune, B Geburtsrune). Das Gesetz der Entstehung, der Geburt, des Werdens, ist wirksam im Mai. Der Stier versinnbildlicht die Zeugung; im Ringe der Ratsmannen ist hier das Haus des Sippenwahres; E – Bindung an P (Peri), das Ross der Materie (Yggdrasil – Schreckross), das den Geist reitet.

3) Ambriel – Tierkreiszeichen Zwillinge – 3. Haus:

ist der 3. Urgenius der Jupitersphäre, dem **alles Wissen** der gesamten kosmischen Rangordnung unterliegt. Er ist der Überwacher des **Verstandes, des Intellektes und somit des gesamten theoretischen Wissens**, ohne Unterschied des Wissensgebietes. Ambriel dirigiert die Wissensreife, die intellektuelle Auffassungsmöglichkeit eines jeden Wesens in der gesamten kosmischen Weltordnung. Nach Reife und Entwicklung leitet dieser Genius die verstandesmäßige Auffassung und die intellektuelle Begabung nicht nur eines einzelnen, sondern der ganzen Bewohnerschaft der Planeten. In Ambriels Wirkungsbereich fallen auch sämtliche Wissenschaften und Künste auf allen Planeten, die mit dem Verstand und mit dem Intellekt im Einklang stehen. Einem mit diesem Genius in Verbindung kommenden Magier kann je nach seinem Entwicklungsstadium ein Wissen zuteil werden, das wahrhaft nur solchen Eingeweihten zugänglich ist, die in der Lage sind, durch das Akashaprinzip der Jupitersphäre mit dieser bewusst zu arbeiten.

O-T: Form – Wirken. Die Zwillinge sind das Haus des Rechtwahrers, des Richters über das Lebendige und Tote, das Haus der zwei Säulen Jachin und Boas. Das deutet einmal hin auf den Gegensatz zwischen Stoff und Geist, Form und Wirken, dann aber auch auf das Erwirken der Form durch das Richten. Der Richter wirkt durch die Rede, oratorisch, durch den Mund, lateinisch os; doppeltes Kreisen, im Geist und Stoff;

4) Murjel – Tierkreiszeichen Krebs – 4. Haus:

Der vierte Genius der Jupitersphäre hat das gesamte magnetische Fluidum in der kosmischen Rangordnung zu überwachen und im Gleichgewicht zu halten. Ihm unterliegt der flüssige Zustand auf allen Planeten, ferner das Element des Wassers in der gesamten kosmischen Weltordnung, demnach auch auf unserer Welt, und zwar grobstofflich, astralisch und mentalisch. Von diesem Urgenius kann ein Magier über das Urelement des Wassers über sein Wirken und Walten mit Rücksicht auf die gesamte kosmische Gesetzmäßigkeit und in Bezug auf Magie und Quabbalah eingehend aufgeklärt und unterrichtet werden. Desgleichen darüber, auf welche Weise durch das magnetische Fluid im Mentalkörper gewisse okkulte Fähigkeiten gewerkt und entwickelt werden können, wie z. B. das transzendentale Sehen in allen Sphären und auf allen Planeten. Noch vieles andere kann dieser Urgenius dem Magier beibringen. Derjenige Sphärenmagier, der das kosmische magnetische Fluid vollkommen beherrscht, kann mit dessen Hilfe Wunderdinge vollbringen, von denen sich ein Uneingeweihter keine Vorstellung machen kann.

E-N: Gesetz – Notwendigkeit: Hier, bei Baldurs Tod, findet das Gesetz der Notwendigkeit, die Wende vom Aufstieg zum Abstieg seinen schärfsten

Ausdruck; Not = Bindung an Niederes, der Krebsgang.

5. Verchiel – Tierkreiszeichen Löwe – 5. Haus:

Das gesamte belebende Urprinzip der ganzen kosmischen Weltordnung auf allen Planeten und Sphären unterliegt der Obhut des 5. Urgenius der Jupitersphäre. Von ihm wird alles Leben in allen Sphären, auf allen Planeten und somit auch auf unserer Erde beherrscht, ohne Unterschied, ob es sich um das Leben im Pflanzen-, im Tier- oder Menschenreich handelt oder ob es um den Menschen im grobstofflichen, astralen oder im Mentalkörper geht. Kommt ein Magier mit diesem Urgenius in Verbindung, so wird er von ihm in der höchsten Magie und Quabbalah, die sich auf die gesamte kosmische Weltordnung bezieht, unterrichtet. Für die Aneignung der höchsten Macht in der gesamten kosmischen Weltordnung vertraut Verchiel dem Magier besondere Methoden und Praktiken an. In den Machtbereich dieses Genius fallen außerdem auch alle Wunderdinge, die durch den Glauben und durch die Macht der Überzeugung hervorgebracht werden können.

R-T: Gesetz – Wirken. Leben ist gesetzmäßiges Wirken. Bejahte Notwendigkeit führt zum schicksalhaften Wirken; Sonnen = Ring (Löwe) = Bindung.

6. Hamaliel – Tierkreiszeichen Jungfrau – 6. Haus:

Der 6. Urgenius verwaltet sämtliche chemischen Ur-Prinzipien – Ur-Elemente – in der gesamten kosmischen Weltordnung. Ein mit Hamaliel in Verbindung kommender Magier kann Näheres nicht nur über die auf unserer Erde bisher bekannten chemischen Elemente erfahren, sondern auch auf unbekannte Elemente wird er aufmerksam gemacht, die vielleicht erst in ferner Zukunft entdeckt werden. Wenn es den Magier interessiert, so kann er in dieser Beziehung auch die Elemente aller anderen Planeten der gesamten kosmischen Weltordnung kennen lernen und noch mehr, er kann durch Magie und Quabbalah die Strahlungen der einzelnen Urstoffe unseres Planetensystems in mentaler, astraler, ja sogar in grobstofflicher Form praktisch anzuwenden lernen. Dadurch kann der Magier, wenn er es wünscht, auf Grund genauer Methoden und Anleitungen, die er von diesem Genius erhält, zu einem vollkommenen Meister chemischer Ur-Elemente ausgebildet werden. Er wird demnach ein magisch-quabbalistischer Alchimist, mit Kenntnissen ausgestattet, deren Anwendungsmöglichkeiten und Schlüssel zum praktischen Gebrauch nur einzelnen Adepten auf unserer Erde bekannt sind.

O-P: Form – Entstehung. Das Haus der Jungfrau ist das Haus der stofflichen Geburt, wo die Form entsteht; open, offen, Geburt des Sohnes der Jungfrau.

7. Zuriel – Tierkreiszeichen Waage – 7. Haus:

Dem 7. Urgenius der Jupitersphäre unterliegt das Prinzip der Fruchtbarkeit auf allen Planeten mit Vegetationen und Lebewesen. Durch Zuriel kann der Magier das Fruchtbarkeitsprinzip der gesamten Weltordnung ganz genau erfassen. Auf Grund besonderer Methoden, die dem Magier von diesem Ur-Initiator anvertraut werden, kann ersterer durch Magie und Quabbalah je nach Belieben Wunderdinge vollbringen. So z. B. könnte der Magier – gleich Moses – Wasser aus dem Felsen fließen lassen, könnte Wüsten in Paradiese verwandeln u. dgl. m. Aber auch das Umgekehrte in wenigen Sekunden zu tun, wäre dann ein unter der Initiation dieses Genius stehender Sphärenmagier fähig. Noch viele andere Wunderdinge, die das Fruchtbarkeitsprinzip betreffen, kann der Magier nach Belieben hervorrufen. Dass Zuriel, der 7. Genius der Jupitersphäre, auch die kosmischen Sexualmysterien in allen Phasen, allen Reichen und Sphären dem Magier eingehend erklärt, ist selbstverständlich und braucht nicht erst näher erwähnt zu werden.

E-R: Gesetz – Wille. Die Waage ist das Haus des Gerichtes, des Rechtsanwalters, wo der Wille zum Gesetz sich bildet; Bindung des Rhythmus im Gleichgewicht (Waage).

8. Carbiel – Tierkreiszeichen Skorpion – 8. Haus:

Der 8. Genius überwacht und leitet das Ur-Strahlungsprinzip der gesamten kosmischen Weltordnung in mentaler, astraler und grobstoffliche Art. Jener Magier, der mit Carbiel in Verbindung tritt, kann durch Magie und Quabbalah, aber auch durch magisch-quabbalistische Metaphysik, jedes Geheimnis der gesamten kosmischen Rangordnung in dieser Richtung enthüllen und kommt darauf, wie diese und jene Gesetze des Urstrahlungsprinzipes praktisch auszuwerten sind. Durch Beherrschung des Urstrahlungsprinzipes wird der Magier zum unbeschränkten Herrscher der mikro- und makrokosmischen Weltordnung, und es steht ihm dann frei, ihre Kräfte und die erworbene Macht nach eigenem Gutdünken praktisch anzuwenden.

A-R: Kraft – Wille. Das ist eine Wiederholung der Symbole im Widder, aber verstofflicht. Es ist das Haus der Zeugungskräfte. Bekanntlich nannte man es auch das Haus des (gestürzten) Adlers; Geist-Zeugung zur Stoffzeugung verwässert.

9. Aduachiel – Tierkreiszeichen Schütze – 9. Haus:

Die Überwachung und Leitung der Urgesetzlichkeit, der Gerechtigkeit und des Gleichgewichtes, d. h. also der vollkommenen Harmonie in der gesamten kosmischen Weltordnung auf allen Planeten und in allen Sphären unseres Universums, steht dem 9. Genius der Jupitersphäre zu. Ein Magier kann von diesem Genius über die höchsten Weisheiten und die unergründlichsten Mysterien göttlicher Gesetzmäßigkeit, Gerechtigkeit und des Gleichgewichtes unterrichtet werden. Gleichzeitig lernt er von Aduachiel durch Magie und Quabbalah alle Gesetze im Universum anzuwenden, ohne eine Gleichgewichtsstörung hervorzurufen.

O-T: Form – Wirken. Dies ist eine Wiederholung der Zwillinge und wir haben einen ähnlichen Übergang von Skorpion zu Schütze, wie von Stier zu Zwilling. Auch das Haus Stier bedeutet Zeugung, aber Zeugung durch Gedanken und Rede in der Idee und in der Gesetzmäßigkeit, während im Skorpion die körperliche Zeugung versinnbildlicht wird. Aber der lebende Same, der Anstoß zum neuen Leben, muss absterben, damit die neue Frucht entstehen und wachsen kann. Es beseelt sich der Stoff, aber das „Agnes" , wenn man will der Sauerteig, stirbt. So stirbt auch im Schützen der im Skorpion gekreuzigte Erlöser, um im Steinbock begraben (Sonne im hohen Norden unter dem Horizont) und zugleich wiedergeboren zu werden. In den Zwillingen wird die Rede des Richters zur Form, hier im Schützen geht das Leben selbst im Stoff zu Grunde, um darin erneut aufzuerstehen. Das Opfer des Menschensohnes bewirkt das Werden des Bewusstseins im Stoff; im Schützen durchdringt der Funke den Stoff.

10. Hanael – Tierkreiszeichen Steinbock – 10. Haus:

Dem 10. Urgenius der Jupitersphäre unterliegt das karmische Urprinzip der gesamten Weltordnung auf allen Planeten und in allen Sphären. Interessiert dies den Magier, so kann er von Hanael über die Auswirkung der karmischen Gesetze auf allen Ebenen und Sphären belehrt werden und gewinnt Kenntnis darüber wie vom magisch-quabbalistischen Standpunkt aus die karmischen Ur-Prinzipien und ihre Gesetze für die verschiedenen Sphären anzuwenden sind.

A-S: As und Ase. Tod, Vernichtung – und geistige Wiedergeburt im Licht; Licht-Aar, Sonnen-Aar, im Steinbock wiedergeboren.

11. Cambiel – Tierkreiszeichen Wassermann – 11. Haus:

Das kristallinische Urprinzip, also das Urprinzip der Kristallisation der Verdichtung – Verhärtung – in der gesamten kosmischen Weltordnung, somit in unserem ganzen Sonnensystem, wird vom 11. Urgenius der Jupitersphäre überwacht. Diesem Genius unterliegt auch der gesetzmäßige Kreislauf aller Planeten und im Zusammenhange damit auch die Gravitation – Schwerkraft – Anziehungskraft –. Von Cambiel kann der Magier über alle Geheimnisse der Kristallisation nicht nur auf unserem Planeten, sondern auch auf allen anderen Planeten, aufgeklärt werden. Vom magisch-quabbalistischen Standpunkt aus bedeutet dies, dass der Magier durch Alchimie, Magie und Quabbalah das Prinzip der Erstarrung durch verminderte oder vergrößerte Schwingung je nach Gesetz und Stoff wunschgemäß zu ändern lernt, so dass er, wenn er will, durch die von Cambiel erworbenen Kenntnisse einen Kieselstein in einen Diamanten oder umgekehrt einen Diamanten in einen Kieselstein zu verwandeln imstande ist. Auch über die Gesetze der Alchimie in der höchsten Form, besonders der auf trockenem Wege, wird der Magier von diesem Urgenius belehrt, ebenso über die praktische Nutzanwendung der Gravitation vom magisch-quabbalistischen Standpunkt. Wünscht es ein Sphärenmagier, so kann er die schwersten Felsblöcke federleicht machen und umgekehrt, kleine Dinge macht er so schwer, dass sie keine Kraft zu heben imstande ist. Hieraus ist leicht zu ersehen, dass dieser Urgenius einem Magier alle Levitationsfragen eingehend erklären kann und zur Aneignung dieser Fähigkeit über die verschiedensten Methoden verfügt, die er dem Sphärenmagier gern anvertraut.

A-T: Kraft – Wirkung (Trieb). Im Steinbock, der großen Wende, endet der Jahreskreislauf, hier aber wird zugleich der Erlöser geboren, der Auslöser der neuen Kraft. Im Wassermann beginnt diese geistige Kraft zu wirken. Zwar das stoffliche Leben erlebt erst hier, in der Urne des Wassermann, seine größte Erstarrung, umso aktiver gestaltet sich der Geist; man denke bei A-T an Atem.

12. Jophaniel – Tierkreiszeichen Fische – 12. Haus:

Das Urprinzip der Evolution auf allen Planeten, in allen Sphären, in allen Reichen – Mental, Astral, Materie – der gesamten kosmischen Weltordnung unterliegt dem 12. Urgenius der Jupitersphäre. In allen Sphären und auf allen Planeten leitet dieser Genius den Aufstieg und die Reife. Es ist mit Worten schwer zu beschreiben, was der Magier im Kontakt mit diesem Urgenius erfahren und gewinnen kann. Es wird ihm ein Wissen, eine Weisheit in einer derartigen Tiefe zuteil, die verstandesmäßig von Unentwickelten kaum zu begreifen ist.

O-R: Form – Wille. Der lebendige Geist belebt jetzt auch den Stoff, nachdem dieser in der Ballung den besten Angriffspunkt bietet. In der Natur beginnt das Frühjahr sich zu regen, die Lebenssäfte steigen nach oben, das Leben beginnt zu erwachen, die Natur sucht neue Formen zu schaffen; OR-Ur = Gold des goldenen Zeitalters mit reger Selbst-Form-Kraft.

*

Warum schreibe ich so ausführlich über dieses Kapitel? Das hat seinen Grund darin, dass Gott die Urkraft aller Kräfte, der Geist aller Geister ist. Die Materie ist der Sohn. Die Energie ist der Heilige Geist. Gott ist nicht bloß eine Urkraft ohne Intelligenz, er ist auch die Urintelligenz, die Urkraft aller psychischen und vitalen Kräfte. Alles Leben lebt und denkt durch ihn und mit ihm, so wie alle elementaren und rein physikalischen Kräften nur durch und mit seiner Urkraft wirken. Wir können ohne die Annahme einer solchen höchsten intelligenten, zugleich auch moralischen und vitalen Urkraft weder die physikalischen noch die psychischen noch die biologischen Erscheinungen erklären. Die uns sichtbare Welt, das ganze

Weltall ist für Gott die Ur- und Weltseele, ebenso der Körper, wie für uns Menschen unser leiblicher Körper die Hülle unserer Seele ist. Das Weltall ist ebenso ein riesiger, lebendiger, ewiger Organismus, der gelenkt wird von der Ur- und Weltseele, wie unser Körper von unserer Seele. Gott mit seinem aus Sonnensystemen bestehenden Körper ist das vollkommene Ebenbild des Menschen, oder umgekehrt, der Mikrokosmos, der kleine Mensch ist das Ebenbild des Makrokosmos, des „Großen Menschen", des Adam Kadmon, wie er im biblischen Schrifttum heißt. Diese Ähnlichkeit und diese Beziehungen gehen bis in die kleinsten Teile und Organe. Die hermetische Astrologie baut sich auf dieser Tatsache und auf diesem großen Grundgesetz der Analogie auf und zieht daraus die wunderbarsten Schlüsse.

Es dürfte wichtig und wertvoll sein, diese Beziehungen des Makrokosmos zum Mikrokosmos kurz anzuführen, weil dadurch das Verständnis für die magische Astrologie (im Gegensatz zur Horoskopie) geweckt werden kann. Im Fixsternbild Widder ist er der Kopf der Universalgottheit, und die von diesem Sternbild ausgehenden Strahlungen und Schwingungen entwickeln, erhalten und beeinflussen die Köpfe aller Organismen und verkörperten Seelen des Weltalls. Das Sternbild

- Stier hängt mit dem Hals;
- Zwilling mit den Armen, Nerven und Lungen;
- Krebs mit dem Magen;
- Löwe mit dem Herzen und Blutsystem;
- Jungfrau mit den Eingeweiden;
- Waage mit dem Rückgrat und den Nieren;
- Skorpion mit den Zeugungsorganen;
- Schütze mit dem Lendengehirn und dem sympathischen Nervensystem;
- Steinbock mit den Oberschenkeln;
- Wassermann mit den Unterschenkeln und das Sternbild
- Fische mit den Füßen aller makrokosmischen und mikrokosmischen Wesen zusammen.

Durch die ätherischen und doch so unendlich starken Spinnwebenfäden des durch die Weltenräume zuckenden Lichtes werden alle Wesen aneinander und mit dem Urwesen und der Urseele, mit Gott ständig verknüpft und verbunden und leben, denken und bewegen sich mit und in ihm, ebenso wie er mit und in ihnen lebt, denkt und sich bewegt. Gott ist die – wie Franz

Bardon das richtig andeutete – die Rundfunkzentrale des Universum und deren Antenne ist der Lichtstrahl. Das heißt für uns Hermetiker, wenn man ein Problem mit einem in diesem Bereich liegenden Körperteil hat, so kann man runisch diesen Vorsteher anrufen je nach Ebene und ihn bitten, einen zu helfen.

*

Zu dem vorigen Thema passend sagt Paracelsus, dass es nur eine einzige Quelle alles Daseins gibt, eine einzige Urkraft, aus denen alle Kräfte entspringen. Deswegen stammen alle Ursachen der Krankheiten aus dem Verstoß gegen dieses göttliche Gesetz. Der Einheit entsprechend teilt sich diese in den verschiedenen Formen, gleichsam als Glieder der Einheit zu betrachten, und da finden wir nun fünf verschiedene Prinzipien oder Elemente. Die Krankheiten werden somit nach ihren Ursachen in fünf Klassen eingeteilt, nämlich:

1. Krankheiten, die ihre Ursachen im Astralkörper und in astralischen Einflüssen haben.
2. Krankheiten, die aus Verunreinigungen und giftigen Substanzen entstehen.
3. Krankheiten, die den individuellen Eigenschaften entspringen.
4. Durch magische Einwirkungen erzeugte Krankheiten.
5. Krankheiten infolge der Wirkung des karmischen Gesetzes.

Die letztere Ursache ist die indirekte Grundursache von allen übrigen Ursachen, und jede Krankheit kann in einer oder mehreren von diesen fünfen ihre direkte Ursache haben. Darin besteht nun die Kunst des Hermetikers, dass er die einer Krankheit zugrundeliegende Ursache erkennt, und sie derselben gemäß behandelt. Er soll nicht nur eine, sondern alle vierpoligen Ursachen der Krankheit, die er behandeln will, erkennen.

1. Das Astrale:

Alle Erkrankungen, welche äußerlich in Erscheinung treten, haben ihre Ursache im Astralkörper, welcher der Träger der Lebenskraft ist, und durch welchen die Lebenstätigkeit im materiellen Körper durch die Matrize vermittelt wird. Alles Sichtbare ist verkörperter Geist, und die astralischen Schwingungen der Dinge wirken auf den Astralkörper des Menschen ein. Gleiches zieht Gleiches an, wirkt ernährend auf das Gleiche und zerstörend auf das Ungleiche ein. Das Körperliche kann auf das Körperliche nur mechanisch wirken; aber die ätherischen Schwingungen der Runen oder der

Namen der Vorsteher dringen in das Ätherische im Menschen ein und können dadurch in ihm nichtharmonische Schwingungen in harmonische verwandeln. Diese können gewisse Zustände hervorrufen, welche dann im physischen Organismus als korrespondierende Erscheinungen auftreten, heilsam oder giftig wirken können.

Wo kein empfänglicher Boden zu einer Ansteckung vorhanden ist, da findet auch keine Ansteckung statt, und eine edle und starke Natur kann alle schädlichen Einflüsse überwinden.

2. Die Verunreinigung:

Einheit ist Reinheit. Kein Ding ist unrein an sich selbst, aber wenn zweierlei Dinge zusammenkommen, so verunreinigt das eine das andere. Dies ist im Geistigen so wie im Materiellen der Fall, denn es herrscht durch die ganze Natur das gleiche Gesetz. Der Organismus des Menschen ist aus denselben Prinzipien, Kräften und Elementen zusammengesetzt, wie die große Natur, und jedes seiner Organe wird durch die mit seiner Wesenheit korrespondierenden Naturkräfte ernährt. Der Mensch – Mikrokosmos – muss in Harmonie kommen mit den Sternen – Makrokosmos.

- Die Sonne, die wir am Himmel sehen, ist das lokalisierte sichtbare Zentrum der universellen Lebenskraft.
- Mars ist Energie.
- Venus ist Begierde.

So verhält es sich auch mit allen anderen Planeten und mit den Organen des Menschen, wie wir es schon in den vorherigen Kapiteln beschrieben haben. Alles Sichtbare ist nur ein Gleichnis des Unsichtbaren und Wesentlichen. Der Mensch ist ein Ganzes und muss als ein Ganzes betrachtet und behandelt werden. Wenn ein einzelner Teil erkrankt, so leidet das Ganze darunter, und ein Allgemeinleiden prägt sich am deutlichsten in demjenigen einzelnen Organe aus, welches seiner Natur gemäß dafür am geeignetsten ist. So soll man alle drei Kräfte der Natur (Elemente) und der Planeten (Tage) in sich hermetisch vereinen, um universell zu heilen, den Gesundheit ist Harmonie. Hierzu hat jeder Mensch den Alchimisten in sich selbst, der das Gute vom Bösen scheidet. Für den Körper hat derselbe seine Werkstätte im Magen, für den Astralkörper das Gewissen, für den Geist in der Vernunft.

3. Das Individuelle:

Dem Menschen ist die kleine Welt, in welcher alles enthalten ist, was sich in der großen Welt findet, Geist, Gemüt und Materie, die aber auch wieder in sich selbst ein für sich abgeschlossenes Ganzes bildet, d. h. ein individuelles Dasein hat, und in sich selbst Krankheitsursachen erzeugt. Damit ist gesagt, dass jeder individuelle Mensch bei seinem Eintritt ins Leben eine gewisse Summe von Kräften mit sich bringt, durch welche seine kleine Welt (Mikrokosmos) regiert wird. In dieser Summe besteht seine Eigenheit, seine Individualität. Hierher gehört das Temperament und die Mentalität, denn zweifach ist der Mensch – firmamentisch und irdisch, und zwei Naturen hat der Mensch an sich, die selbstspeisende und die mangelnde. Der Mensch hat somit sowohl in geistiger als in materieller Beziehung eine individuelle Grundlage (Firmament), wodurch er sich von andern unterscheidet; aber über diesen ist etwas, was das Firmament und die Erde (Gemüt und Körper) erhält, und das wir zu ergründen vermögen.

So wie in der großen Natur sieben Prinzipien unterschieden werden, welche durch die sieben Planeten oder besser ausgedrückt Ströme symbolisiert werden, so finden wir auch im Menschen sieben Prinzipien, deren jedes seinen Sitz oder Werkstätte in einem der sieben Organe hat:

1. Jupiter ist das Symbol der Geisteskraft, und man sagt, dass er die Leber regiere, weil in ihr das Reine von dem Unreinen geschieden wird. „Je ferner der Jupiter von Mars (Leidenschaft) und Venus (Selbstliebe) ist, und je näher er bei Sol (Weisheit) und Luna (Intelligenz) steht, um so goldiger und silberischer ist er in seinem Körper, größer, stärker, sichtiger, empfindlicher, erscheiniger oder lieblicher und annehmlicher, auch erkenntlicher, greiflicher und wahrhaftiger erscheint er dann in der Ferne." (Paracelsus)
2. Merkur. Das Symbol der Intelligenz, d. h. des höheren geistigen Bewusstseins, als dessen Organ die Lunge betrachtet wird; denn so wie die Lunge Luft atmet und dadurch den Körper belebt, so atmet die Seele die „allumfassende Liebe", wodurch der Mensch zum höheren Bewusstsein und Geistesleben gelangt. In dem äußerlichen Atem ist der Geistesatem verborgen. „Alle Dinge sind in allen Dingen verborgen. Eines derselben ist ihr Verberger und leibliches Gefäß, äußerlich, sichtlich und beweglich." Die Organe sind selbst sozusagen Erstarrungen oder Verdichtungen (Materialisationen) des in ihnen wirkenden Prinzips, wie denn ja alles Materielle nur ein

Zustand des Geistigen ist, aber diese Dinge sind schwer zu begreifen, wenn man nicht die betreffenden geistigen Kräfte erkennt. Sie sind der materiellen Wissenschaft, welche noch keine geistige (heilige) Erkenntnis hat, unbekannt, und sie hat deshalb auch keine Begriffe und Namen dafür. Paracelsus sagt: „Die Flüsse (Geisteskräfte oder Ströme) sind alle offenbar in diesem Gefäß, denn dieses Gefäß (das Organ) ist ein leiblicher Geist. Darum sind alle Koagulationen oder Starrungen in ihm gefangen und beschlossen, mit dem Fluss überkommen, umgeben und verfasst."

3. Venus. Das Symbol der Liebe, welche verschiedene Aspekte hat, je nachdem sie sich offenbart. Nach Angabe der Alchimisten werden von dieser Kraft die Nieren regiert. Auch dürfen wir uns nicht verleiten lassen, diese geistigen Kräfte, nach Art der materiellen Wissenschaft, als voneinander wesentlich verschiedene oder getrennte Dinge zu betrachten, sondern jede ist nur eine besondere Art der Offenbarung der Urkraft, in welcher alle enthalten sind. Somit sind auch in jeder Kraft die andern sechs Kräfte verborgen. „Die andern sechs Metalle haben der Venus alle ihre Farben gegeben." Auch ist die Liebe in allen andern enthalten und gibt allen Tugenden ihren Wert. „So man (in sich) ein verbranntes oder verlegenes Metall (Eigenschaft) findet, das nimmer geschmeidig, sondern spröde oder brüchig ist, das soll man wohl ausglühen, so empfängt es wieder seine Geschmeidigkeit."

4. Saturn ist das Symbol des Materiellen, und folglich auch des irdischen Teiles des Gemütes, des Reiches der niedrigen intellektuellen Tätigkeit, der Launen, des Prinzips der Zusammenziehung, woraus Selbstsucht, Geiz usw. entspringen. Als besonderes Zentrum seiner Tätigkeit wird die Milz (die Geburtsstätte des Astralkörpers) bezeichnet. „Also spricht Saturn von seiner Selbstnatur: Sie haben mich für ihren Probierer alle sechs von sich ausgemustert und von der geistlichen Stätte gestoßen, und mir meine Wohnung in einem zerstörlichen Leibe angewiesen. Das was meine sechs geistlichen Brüder nicht sein noch haben wollen, das muss ich sein." Ohne das erstarrende Prinzip des Saturns wäre alles geistig und immateriell. „Mein Leib ist der Erde so geneigt; was ich in mich fasse, wird auch der Erde ähnlich und von uns zu einem Leib gemacht."

5. Mars bedeutet die Energie und erzeugende Kraft, aber auch die

Begierde und Leidenschaft. Sie ist besonders wirksam in den Organen zur Fortpflanzung. Sie ist die Kraft zum Guten sowohl als zum Bösen. „Es ist schwer und bedarf großer Mühe, aus einem unwürdigen, gemeinen Mann einen Fürsten oder König zu machen; aber Mars durch seine Streitbarkeit erficht auch Herrlichkeit, und setzt sich an die hohe Stätte der Könige. Es muss bedacht werden, wie es möglich ist, Mars zum Herrscher zu setzen und Sol und Luna an Martis Statt mit Saturn zu verbinden", d. h. in Geisteskraft mächtig zu werden und Weisheit und Verstand an Stelle der blinden Begierde mit der materiellen Natur zu verbinden.

6. Luna. Der Mond ist das Symbol des Scheines, der Täuschung, Vorstellung und Träumerei. So wie der Mond sein Licht von der Sonne borgt, so ist der menschliche Verstand nur ein Abglanz des Lichtes der Weisheit und ohne dieses Licht dunkel. „Es ist aus den sechs Metallen, die geistlich in ihm verborgen sind, selbst das siebente, äußerlich, leiblich und materiell; denn das siebente hat stets die andern sechs geistlich in sich verborgen." Das Zentralorgan des Mondes ist das Gehirn.

7. Sol oder die Sonne bedeutet das Zentrum des Lebens, das Herz welches alles belebt, und das Feuer, welches alles erwärmt. Es ist das Leben von allen den andern Prinzipien, und die anderen sind alle in ihm verborgen. Die geistige Sonne im Menschen ist die Quelle seiner Erkenntnis, so wie sein Herz der Mittelpunkt seiner physischen Lebenstätigkeit ist.

Jedes Prinzip hat in seiner Offenbarung zweierlei Tugenden (Pole). Wenn daher sechs Prinzipien in dem siebenten offenbar werden, so sind zwölf Kräfte oder Tugenden zu unterscheiden, und es sind dieselben den zwölf Zeichen des Tierkreises vergleichbar.

Somit finden wir im Mikrokosmos des Menschen den Himmel mit allen himmlischen Kräften den Zodiak, die Gestirne und Planeten, die Erde und die vier Elemente beisammen. Wir erblicken darin die Einwirkung der höheren himmlischen Kräfte auf den sterblichen Organismus, und da in jeder Welt, und folglich auch im Menschen, alles nach gewissen Gesetzen vor sich geht, die ihren Ursprung in dem individuellen Dasein derselben haben, so ist auch in der geistigen und physischen Evolution eine bestimmte Gesetzmäßigkeit zu erkennen. Es sind in ihm Perioden des Aufganges und Niederganges, des Fortschrittes und Rückschrittes, ja auch die gesetzliche Dauer seines Daseins auf Erden ist schon bei seiner Geburt bestimmt, da sie von der Beschaffenheit seiner Konstitution abhängig ist.

Alles hat sein Maß und seine Zahl, nichts ist zwecklos geschaffen. Ein Kind, das mit zehn Jahren eines natürlichen Todes stirbt, hat seinen Lebenslauf ebenso gut vollendet, als ein hundertjähriger Greis, und wer die Verfassung des Himmels im Menschen kennen würde, der würde die Vorherbestimmung des Menschen kennen. Der Geist vollendet in jedem Organe seinen Lauf, so wie die Planeten am Himmel, deren Schein zunimmt und abnimmt, was aber alles nicht materiell, sondern geistig geschieht.

Das Herz ist die Sonne, und wie die Sonne in sich selbst und in der Erde wirkt, so wirkt auch das Herz im Leibe und in sich selbst. Also ist auch das Hirn dem Monde vergleichbar, aber geistig und nicht in der Substanz. So ist es auch mit den übrigen Organen, und ohne die Einwirkung der oberen Sternen-Kräfte, deren Werkzeuge diese Organe sind, würden dieselben nichts wirken. Aber durch diese Einwirkungen werden sie in Tätigkeit versetzt und haben ihre Exaltationen. So wirkt das Geistige auf das Materielle, das Gemüt auf den Körper ein. Jedes aber steht in seinem eigenen Firmament. Der Lauf des Geistes des leiblichen Gestirns geht aus von seinem Zentrum und wieder zu diesem zurück. So geht der Geist des Herzens durch den ganzen Leib und wieder zurück. Das Hirn geht allein zum Herzen und wieder zurück. Die Leber läuft in ihrem Geist allein im Blut und berührt auch sonst nichts. Die Milz läuft in der Seite und im Gedärm. Die Nieren laufen ihren Gang durch die Harnwege und Lenden mit ihren benachbarten Stätten. Die Lungen laufen ihren Kreislauf in Brust und Kehle; die Galle im Magen und Eingeweide. Wenn aber diese geistigen Einflüsse in falsche Wege geraten, so werden Krankheiten geboren. So hat nun jegliches Organ seinen geistigen Planeten, und jedes wird von diesem ernährt.

Aber auch die vier Elemente im Mikrokosmos sind zu betrachten. Das Feuer im Menschen ist ebenso unsichtbar wie das Feuer in einem Kieselstein, solange aus ihm keine Funken springen. Das Wasser liegt im ganzen Leib, in allen Adern, Gebein und Fleisch, und es ist im ganzen Körper kein Organ, das nicht Wasser hat und damit umgeben und durchdrungen ist. So ist auch Luft im ganzen Körper, und die Erde ist dasjenige, woraus alles ernährt wird. Aus der Zusammensetzung der Gestirne im Menschen entspringen dessen Temperamente, das melancholische, sanguinische, phlegmatische und cholerische, je nachdem in ihm dieses oder jenes Prinzip vorherrschend ist, wie wir oben schon gesehen haben:

70

„In solcher Kraft, als wenn einer einem andern gebietet zu laufen, und er läuft. Das geschieht mit dem **Wort**." Hierher dürfte zu rechnen sein der Heilmagnetismus oder die Übertragung von Lebenskraft, psychologische Einwirkungen auf das Gemüt, Umstimmungen durch Erregung der Willensenergie und Gedankenübertragung etc.

4. Durch Magie:

Hierher gehören nun die Wirkungen der Magie wie Hypnotismus, Suggestion, Autosuggestion, Hexerei, Sympathie, Zauberei, Wunderkuren usw. Je nach magischen Einfluss muss man Gegenmaßen aufbauen. Wenn ein Mensch durch den bösen Willen eines andern beschädigt wird; so ist es nicht der Leib, der diese Beschädigung (direkt) erfährt, sondern der Geist (Astralkörper) empfängt sie, und überträgt sie auf den Leib. In solchen Fällen ist dann die Beschädigung des Astralkörpers die Ursache der Krankheit, und darnach richtet sich die Behandlung. Auch durch das Medium des Schlafes und des Traumes werden sowohl Krankheiten als auch Heilungen auf magische Weise verursacht, wie wir es in den anderen Bänden schon behandelt haben. Es sind diejenigen, welche sich geistiger oder magischer Mittel bedienen wie Hypnotismus, Suggestion, Übertragung von Krankheiten auf Tiere oder Pflanzen, Teufelskunst, Hexerei, geistige Fernwirkung.

5. Karma:

Alles in der Natur hat seinen Grund in Gott und geschieht durch das Gesetz des Geistes in Ursache und Wirkung. Dabei handelt es sich um Zustände, die sich nicht beseitigen lassen, solange die durch das Karma geschaffenen Ursachen nicht erschöpft sind. Doch es wäre jedoch irrig, zu glauben, dass man nicht gegen irgendein übel einschreiten dürfe, wenn dasselbe eine Folge von Karma ist: denn wenn der Kranke einen Arzt findet, der ihm helfen kann, so ist es eben auch sein Karma, dass ihm geholfen werden soll. So ist wahrlich gegen jede Krankheit ein Kraut gewachsen. – Diejenigen, welche durch die Kraft des Glaubens heilen, wie es Christus und seine Jünger taten. „Wer da in Wahrheit glaubt, der wird gesund."

10. Die Planeten:

Die Planeten, einschließlich Sonne und Mond, sind ja Symbole hoher Kräfte, deren stets wechselndes Zusammenspiel erst zu dem wird, was wir Charakter und Schicksal nennen. Sie sind es, die den Charakter bauen. Sie sind es, die das „schicken", was uns begegnet. Sie sind also Urelemente, deren Bedeutung uns sozusagen in Fleisch und Blut übergehen muss, wenn wir ihren Auswirkungen mit Erfolg nachspüren wollen. Die klassische Planetenreihe gliedert sich folgendermaßen:

- Mond
- Merkur,
- Venus,
- Sonne,
- Mars,
- Jupiter,
- Saturn.

Die Esoterik lehrt die kosmosophische These, dass sich unser engeres Universum, welches die Sonne mit ihrer Planetenkette bis zum Saturn umfasst, schon seit geraumer Zeit im Begriffe ist, sich mit einer benachbarten Weltinsel zu verschmelzen, deren Zentralpunkt der Fixstern Alcyone (der hellste Stern des Sternhaufens der Plejaden) ist. Exakt wissenschaftliche und zuverlässige Angaben existieren über diesen Vorgang nicht, aber es ist anzunehmen, dass die transsaturnischen Planeten, die bis jetzt bekannt sind: Neptun, Uranus, Pluto und Isis zu dieser benachbarten Planetenkette gehören. Sie sind im Verfolge des Verschmelzungsvorganges in das Gravitationsgesetz der Sonne geraten und werden jetzt dadurch zu den Planeten der Sonne gezählt, obwohl sie ihrer atomistischen Struktur- und ihrer Wesensart nach durchaus nicht zu unserem Sonnensystem zu rechnen sind. Diesen ersten vier fremden kosmischen Wesenheiten werden noch weitere acht Gestirne folgen, genau die gleiche Zahl von Gestirnen, resp. Planeten, welche zu unserer Sonne gehörten, bevor sie begannen nach dem Gesetz der spiraligen Einwicklung, sich der Sonne wieder zu nähern, um schließlich von ihr einverleibt zu werden, soweit sie sich vorher nicht selbst innerhalb ihrer Planetenkette teilweise vereinigten.

Hier reiht sich hervorragend die analoge Lehre von den 7 Äonen an. Doch was ist ein Äon? Ein Äon ist ein Lebenszeitalter, ein Zeitraum, ein Brahma-Tag bzw. eine Ewigkeit. Es dauert 1000 symbolische Jahre. Dies steht

jedoch für einen unendlichen Zeitspanne. Es gibt 7 Äonen:
1. Äon der des Chaos (Akasha) = Aum – Saturn;
2. Äon der von Belus und Biltis = Polarität – Jupiter:
3. von Adonis = Äther – Mars;
4. von Dido = Luft – Sonne;
5. von Moloch = Feuer – Venus;
6. von Adonis und Dido – dem Wasser – Merkur;
7. wieder vom Chaos – alle 4 Elemente in der Erde = Mond

Die Astrologie betrachtet einzig und allein das kosmische Geschehen von der Erde aus. Für die Erdbewohner gehen nicht nur die Planeten, sondern auch Sonne und Mond im Osten auf und gehen im Westen unter, wie es in Ägypten gelehrt wurde. Wie die Planeten, so wandern auch Sonne und Mond durch den Tierkreis. Man spricht auch gerne von den beiden „Lichtern". Jeder Planet wird zur Zeit der Geburt anhand der Planetentabelle ermittelt. Weiß man die Geburtsstunde, so kann man die Stunde dem Planeten mit ihren Entsprechungen zuordnen.

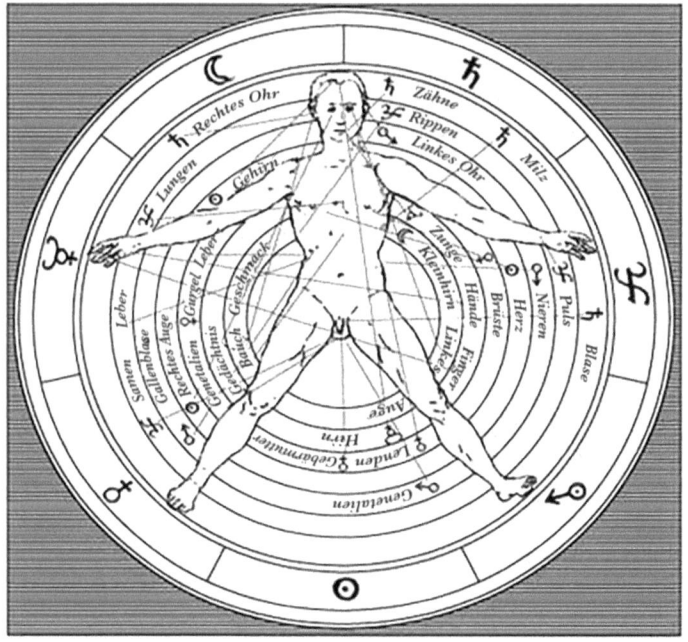

Die klassisch-ägyptische Astrologie arbeitet mit Sonne, Mond und den

Planeten Merkur bis Saturn, welche die antiken Planeten genannt werden, von denen es insgesamt 12 in unseren Sonnensystem gibt. Es sind die mit dem bloßen Auge sichtbaren Planeten, die seit Jahrtausenden beobachtet werden, denn die Erfahrung hat die weisen Astrologen gelehrt, dass Astrologie genauso gut ohne die neuen Planeten funktioniert. Dies wird durch die obige Zeichnung von R. Fludd bestätigt, welche Peter Windsheimer analog designt hat.

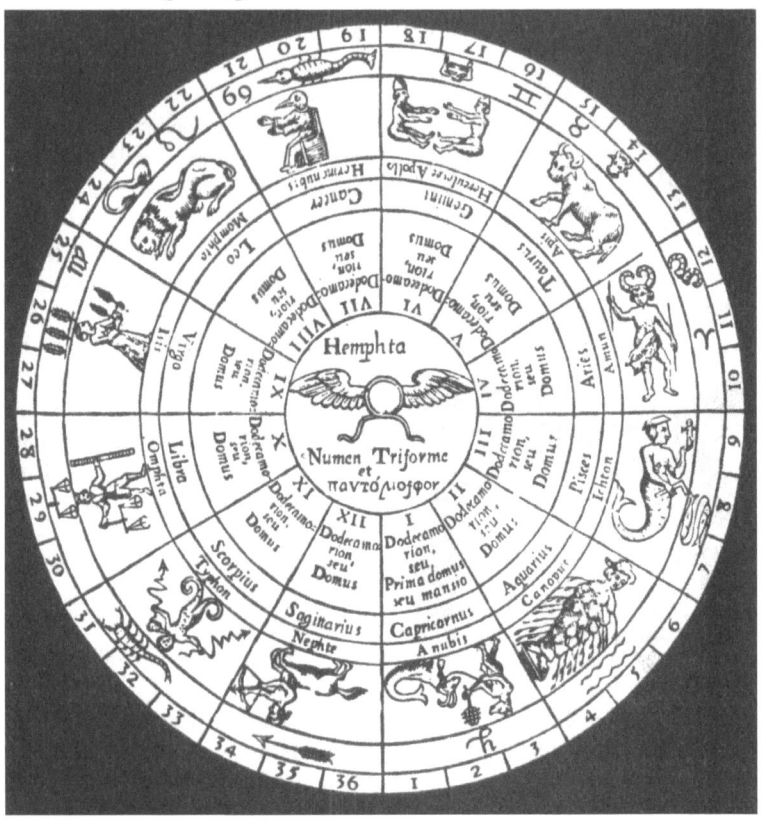

Die Verbindung zwischen Tierkreiszeichen, Planeten, Elementen, Göttern und deren Entsprechungen zeigt die genial Zeichnung von A. Kircher auf, welche wir schön als hermetische Abrundung hier anführen und somit das Leben durch die Planetengötter in die Astrologie einfließen lassen können.

Nun gehen wir tiefer in die astrologischen Zusammenhänge, um den Hermetiker restlos aufzuklären. All diese Analogien sind bei den hermetischen Arbeiten zu berücksichtigen, um ein leichteres gelingen zu gewährleisten.

Wie schon in der Einleitung erwähnt wurde, kann man die Stunde wählen, welche für der Vollzug einer Handlung oder irgendeines Unternehmens die günstigsten Gestirneinflüsse zeigt. Der Ursprung der Kenntnis dieser Tatsache reicht weit zurück in die ägyptische Urgeschichte. Alle anderen Völker übernahmen diese Lehren und haben die Wirkung der Gestirneinflusse gekannt. Die sieben Himmelskörper, Sonne, Mond, Saturn, Jupiter, Mars, Venus und Merkur sind für uns von größtem elektromagnetischen Einfluss.

Schon im Altertum war der Sonntag der I. Tag der Woche. Aus diesem Grunde hat man die I. Sonntagsstunde zwischen 18-19 Uhr kabbalistisch verlegt. Nach dieser Reihenfolge fällt die letzte Stunde auf den Merkur. Am nächsten Tag beginnt der Montag um 18 Uhr mit der Mondstunde und endet mit der Jupiterstunde. Der Dienstag beginnt kabbalistisch gesehen um 18 Uhr mit der Marsstunde und hat die Venus als letzte Gestirnstunde, der Mittwoch beginnt mit dem Merkur und endet mit dem Saturn, der Donnerstag beginnt mit dem Jupiter und endet mit der Sonne, der Freitag beginnt mit der Venus und endet mit dem Mond und der Sonnabend fängt mit dem Saturn an und endet mit dem Mars als Gestirnstunde. Die Zuteilung der Wochentage unter die Himmelskörper ist dadurch und auf Grund der Götternamen begründet (siehe Planeten-Tabelle). Nachstehende Tabelle veranschaulicht die Reihenfolge.

Tageseinfluss:

der Sonntag hat die Sonne,
der Montag hat den Mond,
der Dienstag hat den Mars (Tuis),
der Mittwoch hat den Merkur (Wodan),
der Donnerstag hat den Jupiter (Thor),
der Freitag hat die Venus (Freya),
der Sonnabend hat den Saturn.

Demnach übt jedes Gestirn, das die erste kabbalistische Stunde beeinflusst, seine Hauptwirkung auch auf den ganze Nacht und die darauffolgende Tag aus. Da alles auf Schwingung aufgebaut ist, werden diese Schwingungen über Töne – Runen – übertragen. Klang und Ton ist eng verknüpft mit Form. Vor etwa 1000 Jahren arbeitete der Mönch Guido von Arezzo als Gesanglehrer in der italienischen Stadt Arezzo. Damals mussten die Schüler alle Melodien auswendig lernen. Die jungen Mönche brauchten über zehn Jahre, um sämtliche Choräle zu erlernen. Guido wollte die lange Lernzeit seiner Schüler verkürzen. Er entwickelte daher ein Notensystem mit vier Linien, auf die er die Noten zeichnete. So konnte er die Melodien aufschreiben. Diese Notenschrift, bei der die tiefen Töne unten und die hohen oben erscheinen, wird – ergänzt um eine zusätzliche fünfte Linie – bis heute benutzt.

Guido erfand aber auch eine Technik, um sich die Noten leicht zu merken. Dafür benannte er sie mit den Anfangssilben aus der lateinischen Johannes-Hymne: Ut, Re, Mi, Fa, Sol, La.

Er komponierte dazu eine Melodie, die es erlaubt, die Silben mit den entsprechenden Tonhöhen zu singen.

Ut queant laxis – Auf dass die Schüler
Resonare fibris – mit lockeren Stimmbändern mögen
Mira gestorum – zum Klingen bringen können die
Famuli Tuorum – Wunder deiner Taten,
Solve Polluti – löse die Schuld
Labii Reatum – der befleckten Lippe,
Sancte Ioannes – heiliger Johannes

Da die Silbe Ut schwierig zu singen ist, wurde sie später durch Do von Dominus ersetzt. Dominus ist ein lateinisches Wort für Gott. Die siebte Note wurde Si benannt, wobei die Anfangsbuchstaben S von Sancte und I von Iohannes zusammen gezogen wurden. Heute werden in Frankreich und anderen romanischen Ländern wie Italien und Spanien die Noten der Tonleiter Do, Re, Mi, Fa, Sol, La genannt. Diese Tonsilben haben sich aber nicht in allen Ländern durchgesetzt. So werden im englischsprachigen Raum und in Deutschland für die Töne der Tonleiter die Buchstaben des Alphabets verwendet.

Do – Ton C = Erdzentrum
Re – Ton D = Wasserzentrum
Mi – Ton E = Feuerzentrum

Fa – Ton F = Luftzentrum
Sol – Ton G = Ätherzentrum
La – Ton A = Polaritätszentrum
Si – Ton H – Aum-Zentrum

Diese Reihenfolge der Gestirne bzw. der Zentren ist keine willkürliche, sondern entspricht dem Lebensbaum. Die Sonne als Mittelpunkt des Systems teilt die sie umkreisenden Himmelskörper in innere und äußere, d. h. in solche die innerhalb der Erdbahn und solche die außer derselben laufen. Außerhalb befinden sich Mars, Jupiter, Saturn, innerhalb Mond (der von den Alten zu den inneren gerechnet wurde), Venus und Merkur.

Alle sieben Planeten vertreten auch ihre unterschiedlichen Eigenschaften, die folgendermaßen zugeteilt werden:

Die Sonne hat – sonnige,
Der Mond hat – phlegmatische,
Der Mars hat – cholerisch-gallige,
Der Merkur hat – nervöse,
Der Jupiter hat – sanguinische,
Die Venus hat – leidenschaftliche,
Der Saturn hat – melancholische Eigenschaften.

Jedes dieser Kraftzentren entspricht einem Tattwa, und zwar

1. Muladhara (sacral) repräsentiert Prithivi = Erde
2. Swadhistana (prostata) Apas = Wasser.
3. Manipuraka (solar) Agni = Feuer.
4. Anahata (cardial) Vayu = Luft.
5. Visudhi (pharyngeal) Äther = Schall.
6. Aguya (Stirn) Polarität = Elektromagnetismus.
7. Sahasara (occiput) Gott oder die Urkraft, das Sein = Akasha

Da kommt die Frage auf, zu welchen Jahreszeiten wirken die astralen Einflüsse am stärksten?
Sonnentage und Sonnenstunden haben in den Monaten März und Juli ihre kräftigste Wirkung, da zu dieser Zeit die Sonne im Tierkreis in den Zeichen Widder und Löwe steht. Für den Sonneneinfluss ist die genaue Zeit vom 21. bzw. 23. März bis 21. bzw. 23. April und vom 21. bzw. 23. Juli bis 21.

bzw. 23. August.

Selbstverständlich besteht die Wirkung des Sonneneinflusses auch zu anderen Zeiten des Jahres (nach der schon erklärten Ordnung). Die oben erwähnte Stellung der Sonne in den beiden Tierkreiszeichen verleiht ihr aber einen besonderen Einfluss.

Die Sonnenwirkung ist aber schwächer als gewöhnlich vom 21. bzw. 23. Januar bis zu den gleichen Tagen im März und vom 21. bzw. 23. September bis zu den gleichen Tagen im Oktober. Aufgehoben ist zu dieser Zeit ihre Wirkung aber keinesfalls.

Die Mondstunden und -tage haben in den Monaten Juli und Mai die kräftigste, im November eine etwas schwächere und im Dezember bis 20. Januar eine verminderte Wirkung.

Im Allgemeinen sind die Mondtage und Mondstunden am günstigsten bei dem zunehmenden Mondviertel, weniger günstig und für gewisse Angelegenheiten (man achte auf die späteren Erklärungen) sogar ungünstig bei abnehmendem Mondviertel; bei Neumond soll man nichts beginnen.

Saturnstunden und -tage haben ihre stärkste Wirkung Ende Dezember, den ganzen Januar bis zum 20. Februar und im Oktober. Die schwächere Wirkung ist im April, Juli und August.

Jupitertage und -stunden äußern ihre stärkste Wirkung von Ende November bis ungefähr 20. Dezember und in den ersten Wochen des Juli. Ihre schwächere Wirkung haben sie im Januar und Juni.

Marstage und -stunden wirken am kräftigsten Ende März bis ungefähr 20. April, 20. bzw. 23. November bis ungefähr 20. Oktober und 20. bzw. 23. Dezember bis zu den gleichen Tagen im Januar. Die schwächere Wirkung ist Ende April bis Ende Mai, Ende September bis 20. bzw. 23. Oktober und im Juli.

Venustage und -stunden äußern den größten Einfluss vom 20. bzw. 23. April bis zu den gleichen Tagen im Mai, sowie vom 20. bzw. 23. September bis zu den gleichen Tagen im Oktober. Mitte März und im Monat August sind ihre Einflüsse schwächer.

Merkurtage und -stunden haben ihre stärksten Wirkungen der Zeit vom 20. bzw. 23. Mai bis zum 20. bzw. 23. Juni, und vom 20. bzw. 23. August bis zu den gleichen Tagen im September. Schwächer ist ihre Wirkung im November und Februar.

Schließlich sei noch betont, dass die Gestirnstunden im Allgemeinen an Tagen, an welchen der gleiche Tageseinfluss dominiert, sich immer kräftiger äußern werden, als an anderen Wochentagen. So wirkt die

Sonnenstunde an Sonntagen, die Mondstunde an Montagen, die Marsstunde an Dienstagen, die Merkurstunde am Mittwoch, die Jupiterstunde am Donnerstag, die Venusstunde am Freitag und die Saturnstunde am Sonnabend verhältnismäßig kräftiger als wie an allen anderen Wochentagen.

*

Das vorige Kapitel schnitt schon dieses Thema an. Wir gelangen nun zur sogenannten Erdmagie. Was heißt nun eigentlich Erdmagie? Es bedeutet die Magie oder das verborgenes Wissen der Erde, die Kräfte der Erdbewegungen, des Elektromagnetismus, der Wirkungen der Einflüsse auf die Erde, die wir Menschen nützen können und sollen. Mithin ist also Erdmagie das Erkennen der verborgenen Urgeschehnisse.

Was aber hat die Erdmagie mit dem Schicksal des Einzelnen Erdgeborenen, des Mikrokosmos zu tun? Vieles, denn jeder Mensch – Mikrokosmos – ist ein Bewohner der Erde und somit als Teil derselben den auf die Erde aufstrahlenden Einflüssen des Makrokosmos unterworfen. Diese Wirkung ist nun eine doppelte:

1. auf die Erde selbst,
2. auf den einzelnen Menschen im Besonderen.

Zugleich dient die Erkenntnis der Naturvorgänge später bewusst die Kraftstoffe und Kräfte zur Verbesserung und Ausgestaltung des eignen Lebens zu verwenden genauso wie wir oben bereits angeführt haben. Zur Erkenntnis diene die Grundregel:

Alle Menschen sind die Figuren des Schachspieles
der kosmischen Kräfte!

Es ist somit kein eigener freier Wille vorhanden und es unterliegen alle den unsichtbaren Einflüssen. Der freie Wille ist nur scheinbar. Der Mensch kann sich nichts nehmen, es werde ihm denn von oben herab, vom Makrokosmos, gegeben. Der Mensch denkt, aber Gott lenkt, solange, bis er Herr seines Schicksals geworden ist.

Welcher Art sind nun die Einflüsse? Es sind Energien, Fluidalstoffe, Ströme, die im vierpoligen Menschen wirken, da deren Innerstes, der Geist und die Seele, Teile von jenen Energien sind, welche für die Dauer eines Erdenlebens den vergänglichen Stoffkörper tragen. Dieser Stoffkörper ist irdisch, elementar, sichtbar und wird abgelegt, zerfällt, sobald seine Zeit im Erdendasein erfüllt ist. Unsere feinstofflichen Körper sind also ein

Energiefeld, der besonders auf die Wirkungen der unsichtbaren Einflüsse reagiert, wie die Glühbirne auf den elektrischen Strom! Wir sind im Erdenleben dauernd unter diesem „Strom" befindlich, und würde dieser Strom einmal ausbleiben, so wäre alles Leben erloschen. Genauso, wie der Elektriker mittels Apparate die Stärke seines mechanisch erzeugten Stromes misst, so besitzen wir durch die Erdmagie dasselbe Mittel, die Arten und Stärken des unsichtbaren Stromes zu messen und abzulesen. Hierzu dient die magische Erdmagie.

Um bewusst Erdmagie zu betreiben, gehört die Kenntnis der Erdzone oder Erdzonengürtels und führt zum Gebrauche der Quabbalistik. Wir kommen hier zur magischen Schicksalsforschung.

Die Erdzone teilt sich in 12 verschiedene Zonenorte der Tierkreiszeichen zu je 30 Graden, wie wir das aus der „Evokation" von Franz Bardon wissen. Dieselben unterstehen den Gradherrn (Dienern), den Vorstehern, den Wächtern und den Hütern. Diese sind für jede Energiezone andere. Wir unterscheiden streng Symbole, Zeichen der Zonenorte (Tierkreiszeichen) und Sigille, Zeichen der Herren oder Vorsteher. Nennen wir zuerst die Zonenzeichen in ihrer Reihenfolge:

Widder – Malchjdael
Stier – Asmodel
Zwilling – Ambriel
Krebs – Murjel
Löwe – Verchiel
Jungfrau – Hamaliel
Waage – Zuriel
Skorpion – Carbiel
Schütze – Aduachiel
Steinbock – Hanael
Wassermann – Cambiel
Fische – Jophaniel

Das sind die Hüter der Zonenorte. Diese Zonenorte sind nun die Tore der Energien, welche durch die Wächter geöffnet werden, um Wirkungen im Schicksal zu erzeugen. Die Wächter, deren sichtbare Symbole eben die Planeten sind und die Herren derselben darstellen, heißen:

Samstag – Uriel – Siub
Donnerstag – Sachiel – Johib
Dienstag – Samuel – Rasi
Sonntag – Michael – Osir
Freitag – Anael – Ajaia
Mittwoch – Rahael – Amachis und
Montag – Gabriel – Iluae

Sie beherrschen jene Energien, die sogenannten Planetenströme, wie von den Vorstehern der Erde den Menschen zugeordnet sind. Jeder Mensch, ob sichtbar oder unsichtbar, gehört nun seiner geistigen Beschaffenheit nach zu einer dieser Energien als Energiefunken. Das stellt die Basis seines Lebens dar und ist in erster Linie festzustellen. Das ergibt sich aus der Berechnung der Stundenregenten (siehe Tabelle der Planetenstunden). Hierfür ist die Geburtsstunde maßgebend. Ist dieselbe nicht bekannt, so muss erforscht werden, ob Nacht- oder Taggeburt, ob negativ oder positiv. Ist die Geburtsstunde und dadurch der Geburtsregent nach den Tabellen bekannt, so ist daraus jene Energie oder Strom ersichtlich, welcher dem Geborenen zugehörig ist. Es wird nun festgestellt, zu welcher Tageszeit der Betreffende geboren ist, am Tage 6h – 17 h 59m oder Nachts (18h – 5 h 59m). Wir rechnen die Nachthälfte stets vor der Tageshälfte und beginnt jeder Zeittag 18 h (6 h abends). Warum? Die Nacht ist die Zeit der Ruhe,

Erholung des unsichtbaren Schaffens. Jedes Neugeborene schläft zuerst, ehe es zum Leben richtig rege wird. Alles Erdenleben muss zuerst einen Schlafzustand im Astralen durchmachen, ehe volles Wachstum und Gedeihen erfolgen kann. Daher ist logischer Weise zuerst Nacht (Akasha) gewesen, ehe es Tag (Schöpfung der Sonne) werden konnte. In der Natur gibt es keine Ausnahme. Die Hälfte der Erde, welche also beleuchtet wird, nennen wir Tagseite; die andere jedoch Nachtseite. Je nach der Eigenschaft der Lebensenergie gestaltet sich das Schicksal eines Geborenen. Wirkt dieselbe am Tage förderlicher als in der Nacht, ist es ein Taggeborener, so kommt er leichter im Leben vorwärts (Plus). Ist das Umgekehrte der Fall, so treten umso größere Hemmungen auf (Minus). Jede Untergruppe eines Tages oder Stromes gibt die sieben Richtung dieser Energie bekannt, in welche der sieben Phasen der Strom wandert. Die entsprechenden Eigenschaften der Planeten entnehmen wir diesem Buch. Diese Erkenntnis ist anhand der Ströme zu nutzen, wie wir es im 4. Band der „Enthüllte Archive geheimer Wissenschaften" bereits aufgezeigt haben.

Doch nun zu den einzelnen Planeten und ihren Entsprechungen:

Sonne:

Die Sonne ist die Ebene der Vorsteher der Volksleitung. Diese lenken den Sinn des Volkes auf das Ewige, brachten die hermetischen Gesetze, die den Runer ans Ziel bringt. Der Sonnengott wurde von den Griechen Apollo oder Phoibos (= der Strahlende, der Lichtgott) genannt. In ihm verehrten die Griechen die geistige Macht von Ordnung, Maß und Einsicht. In der deutschen Sprache ist die Sonne zu Unrecht weiblich, denn sie repräsentiert die Männlichkeit par excellence. Die Sonnen- oder Apollokraft beschließt den Reigen der sieben Hauptkräfte. Wir finden ihren Handausdruck im Sonnenberg, Sonnenfinger sowie in der auf dem Berge auslaufenden Sonnenlinie. In gewisser Art ist er also die Krönung sämtlicher anderen Kräfte. Er gibt das Siegel zu dem, was sich aus dem Zusammenwirken aller anderen als Quintessenz ergibt. Er ist das Barometer, an dem zu erkennen ist, ob und wie weit sich ein Mensch im Leben durchsetzt:

- Natur: männlich, Tagesplanet, warm und trocken.
- Würden: Domizil im Löwen, Exil im Wassermann, Erhöhung im Widder, Fall in der Waage, Triplizität im Feuer, insbesondere im Schützen.

- Tag: Sonntag.
- Physisch: Lebenskraft, Blutzirkulation, an Körperteilen stehen unter ihrem besonderen Einfluss das Herz, das Herz des Himmels, der Rücken, die Lebenskraft, die Augen, und zwar beim männlichen Geschlecht das rechte, beim weiblichen das linke Auge.
- Farben: goldgelb, scharlachrot.
- Signifikator für: Die Sonne als Beherrscherin dieser Stunde vertritt das Prinzip des Glanzes, der Wahrheit, Helligkeit, aller Tugenden, der Herrschaft und der Macht, des Stolzes, des Sieges, Ruhmes und Reichtums, der Tapferkeit, Ehrlichkeit und aller hohen und vornehmen Handlungen.
- Sie ist das Leben. Sie beeinflusst Fürsten, Regierungspersonen, den Adel, die Ämter, Armen- oder Städteverwaltungen, Priester, Propheten, Seher, Bildhauer, Kunstgewerbeleute, Goldschmiede, Juweliere, Kupferschmiede, Zinngießer, Münzenpräger auch Musiker und Schauspieler. Könige, Magistraten und Autoritäten, große Gebäude, Theater, Schlösser und Paläste.
- Pflanzen: Sonnenblumen und andere Pflanzen (rot oder gelb), welche die Sonne lieben. In der sonstigen Natur beeinflusst sie die Weiden, Palmen, Oliven, Kirschbäume die rote Rose, Rosmarin und das Getreide;
- unter den Tieren alle reißenden Tiere des Waldes, den Löwen, ferner Falken, Adler und Haushuhn;
- ferner Gold, unter den Edelsteinen den Diamant, Rubin, Hyazinth und Chrysolith.
- Die ihrer Schwingung entsprechenden Farben sind orangegelb, goldgelb und goldbraun usw.
- Beziehungen: Wachstum schnell, mild; Form stolz, farbig; Geruch aromatisch, balsamisch; Geschmack säuerlich, süß, kräftig.

Wer eine gute Sonne hat, so sagt es der Volksmund, der kommt gut an, der braucht nicht viele Worte zu machen. Sein Auftreten macht immer großen Eindruck. Es strahlt etwas aus, wenn ein sonniger Mensch einen Raum betritt.

Die Sonne symbolisiert auch die Grundvitalität, damit auch die Krankheitsanfälligkeiten, die in einem Menschen liegen. Ferner die eigene Autorität, oft auch das Verhältnis zwischen Vater und Sohn oder Tochter.

Auch der Höhepunkt des Lebens wird durch die Sonne symbolisiert sowie der Grunderfolg, der vom einzelnen angestrebt wird.

Das runische Sonnen-Symbol.

Ihre verwandte Kraft findet die Sonne im Tierkreiszeichen Löwe. Man sagt auch, sie beherrscht dieses Zeichen und damit alle Planeten, die in diesem Zeichen stehen. Die Sonne verkörpert Kraft, Autonomie und Autorität, sowohl die innere Autorität, die sich als Willenskraft und Selbstbeherrschung manifestiert, als auch die Autorität nach außen, die sich u. a. in der Gesetzgebung niederschlägt.

Negativ kann die Sonne auf Despotismus und Aufschneiderei hinweisen. Bardon sagt dazu: *„Für Eingeweihte gilt die Sonnensphäre als die sogenannte Lichtsphäre ... In unserem Kosmos ist es die am schwierigsten zu beherrschende Sphäre ... Die Sonnensphäre beeinflusst alles Leben auf allen Planeten und Sphären. Beim Menschen äußert sich ihr Einfluss ... in der Lebenskraft, die die mentale, astrale und die grobstoffliche Matrize beisammenhält."*

*

Nachstehend soll nun die Art und Weise des Einflusses der Gestirnstunden auf das menschliche Leben erörtert werden. Hier erfolgt ein Erweiterung zur Anwendung des bereits Gesagten in den Kapiteln Tierkreiszeichen und Planeten.

Es ist erklärlich, dass die Planetenstunden an dem Tage, dem der betreffende Planet zugeteilt ist, am wirksamsten sind! So z. B. die Mondstunden am Montag, die Marsstunden am Dienstag oder die Saturnstunden am Sonnabend.

In magischer Hinsicht wirken die Planeten Mond, Saturn, Neptun in den Nachtstunden stärker als am Tage.

Allgemein gesehen sind die Stunden von 11 Uhr abends bis 1 Uhr nachts, also die sogenannten Mitternachtsstunden, besonders für magische Exerzitien und Beschwörungen geeignet. Je näher die Stunden an den bevorstehenden Sonnenaufgang heranrücken, desto schwächer sind sie in magischer Hinsicht. So wäre z. B. eine Mondplanetenstunde kurz vor Sonnenaufgang wenig wirksam.

Bei dem Mond ist nun besonders auch die Phase, in der er sich befindet, zu beachten. Vollmond entfaltet den stärksten magischen Influxus. Bei Neumond sind nur Beschwörungen der Erdwesen und reine Nekromantie vorzunehmen.

Im Allgemeinen gelten die üblichen astrologischen Entsprechungen und Zuteilungen der Planeten auch für den Influxus der ihnen zugeteilten Planetenstunden nach den entsprechenden Tabellen. Man muss nur unterscheiden zwischen Wirkungen auf der rein materiellen Basis und der magischen Eignung für praktische magische Experimente. Man wird aber tunlichst bei der Wahl einer Gestirnstunde an jenen Tag Rücksicht nehmen, der durch das gleiche Gestirn beherrscht ist, schon aus diesem Grunde, weil an jenem Tage die betreffende Gestirnstunde am kräftigsten ist, dann aber auch, weil die Art des Einflusses einer Gestirnstunde auch die des Tages ist, der im Zeichen des gleichen Gestirnes steht. Wo man es also durchführen kann, wird man immer den der betreffenden Gestirnstunde entsprechenden Tag wählen, so z. B. ist für eine Angelegenheit, die der Merkurstunde unterliegt, der Mittwoch vorzuziehen. Im praktischen Leben lässt sich das ja allerdings nicht immer einhalten. Doch wird man nie den Nutzen vermeiden, wenn man stets darauf bedacht ist, die Gesetze der Harmonie zum persönlichen Vorteil einzuhalten. In Rücksicht auf die irdischen Angelegenheiten können durch eine falsche Wahl des Tages und der Gestirnstunde Einflüsse aufeinander treffen, die auf die betreffende Angelegenheit disharmonisch wirken. So vermeide man, für alle Angelegenheiten der Sonnenstunden den Sonnabend, für alle Mondstunden den Dienstag und den Sonnabend, für alle Saturnstunden den Sonntag und den Dienstag, für die Jupiterstunden den Sonnabend, für alle Marsstunden den Freitag und den Sonnabend, für alle Venusstunden den Dienstag und Sonnabend und für alle Merkurstunden den Dienstag und den Sonnabend zu wählen.

Das gilt natürlich nur, wenn man leicht und ohne Hindernisse einen uneingeschränkten vollen Erfolg erzielen will. In vielen Fällen zwingt aber das praktische Leben die Rücksicht auf die entsprechende harmonische

Tagesbeinflussung fallen zu lassen, namentlich dann, wenn man zu schnellem Handeln gezwungen ist. Dann halte man sich nur an die entsprechende Gestirnstunde. Auch diese allein wird den Erfolg bringen, wenn auch verzögert oder nach Überwindung von Hindernissen. Eine Angelegenheit der Sonnenstunde z. B. an einem Sonnabend (Saturn) durchgeführt, verzögert sich, eine Angelegenheit der Mondstunde, eingeleitet an einem Dienstag (Feuer-Mars) bringt Hindernisse usw. ganz entsprechend der Natur des tagesbeeinflussenden Himmelskörpers, worüber nachstehend Aufschluss gegeben wird.

Günstige Beeinflussung:

In den kabbalistischen Tagessonnenstunden ist jeder Verkehr mit Höhergestellten erfolgreich. In solcher Stunde bewerbe man sich um ein Amt, Protektion oder Beförderung. Freundschaften, die in der Sonnenstunde geschlossen werden, sind sehr günstig und dauerhaft.
Zu dieser Stunde soll man öffentliche Angelegenheiten politischer Natur erledigen. Diese Stunde ist günstig für die private Korrespondenz, für Schriftstücke, Testamente, man unterzeichne Verträge Kontrakte usw., die man mit Höhergestellten abgeschlossen hat. Goldwaren, Schmuckgegen-stände in Gold, Juwelen (Diamanten, Rubine, Hyazinth und Chrysolith) sind vorteilhaft zu kaufen, ebenso Stoffe in orangegelber, goldgelber oder goldbrauner Farbe.
Alle Handlungen, die zu Macht, Herrschaft und Ansehen führen sollen – aber ohne Anwendung von Gewalt – alle hohen und edlen Handlungen unternehme man zur Sonnenstunde. Auch öffentliche und künstlerische Darstellungen, zu dieser Stunde begonnen, bringen Ehren und Vorteile.
Da die Sonne das Leben beeinflusst, so werden alle körperlich Schwächen diese Stunde wählen, um eine Kräftigungskur zu beginnen.
Es ist günstig, zur Sonnenstunde Weiden, Palmen, Olivenbäume, Kirschbäume, rote Rosenstöcke oder Rosmarin anzupflanzen und Getreide zu säen.
Die Sonne ist an sich ein magischer Planet, ihr Einfluss ist geistig, positiv und fördert die Sonnenstunde alle Dinge und Angelegenheiten, die mit geistiger Tätigkeit, mit Freundschaften, mit Beruf, Protektion, Beförderungen, Ämtern, Vorgesetzten, Politik, Geschäft und Repräsentation zu tun haben. Gesundheitliche und naturverbundene Angelegenheiten können in der Sonnenstunde gefördert und gebessert werden. Die erste

Sonnenstunde am Tage ist besonders geeignet.

Ungünstige Beeinflussung:

Die Nachtsonnenstunden sind schwach. Aber sie sind geeignet für alle mystischen Versenkungen mentaler Art. Zur Sonnenstunde vermeide man den Ankauf von Tieren aller Art, das Verleihen von Geld, den Bau eines Hauses, jede Übersiedelung, jede Verlobung und Heirat.

Man schließe ferner keine wichtigen Handelsgeschäfte ab, und unterlasse das Anlegen neuer Kleider, bzw. lege kein neues Kleidungsstück zum ersten Male an.

Man hüte sich in der Sonnenstunde vor allen hartherzigen, ungerechten und hochfahrenden Handlungen. Der Verkehr mit Geisteskranken ist zu dieser Stunde zu vermeiden.

Zur Sonnen-Nachtstunde soll man die Heilung von Herzleiden, Rückenschmerzen und Augenleiden unterlassen, bzw. keinen Arzt konsultieren in diesen Erkrankungen.

Erkrankungen, beginnend zur Sonnenstunde, verlaufen meist gefährlich und haben hohes Fieber im Gefolge.

Mond:

Die griechische Mondgöttin Selene fährt in einem Gespann über den Himmel. In der Mythologie ist sie vor allem bekannt wegen ihrer Liebe zu dem schönen, von Zeus in den ewigen Schlaf versetzten Endyrnion, den sie jede Nacht besucht. Obwohl in der deutschen Sprache männlich, repräsentiert der Mond (die Mondin) die Weiblichkeit par excellence. Der Mond, als Beherrscher dieser Stunde, gilt als Prinzip der Nacht, der Schnelligkeit, der Veränderung, des Meeres und des Wassers überhaupt, der geistigen Eigenschaften des Menschen, der Traurigkeit, Unbeständigkeit, des Kleinmutes, des Wachstums, der Reife, aber auch der Fäulnis und der Verwesung. Er repräsentiert ferner die Keuschheit, Weiblichkeit, Laune, die Furchtsamkeit, sowie den Hang zum Übersinnlichen, ferner die Feigheit, die Lüge und die Verleumdung. Er ist die Bewegung. Der Mond ist mit seiner Sphäre der stärkste magische Planet und spielt bei allen magischen Experimenten eine besonders wichtige Rolle. Er wirkt besonders auf das weibliche Geschlecht und fördert Medialität ungemein.

Der Mondinfluxus ist immer wechselnd und fließend und gibt selten eine feste andauernde Basis. In der Magie nennt man den Mond den Diener des Saturn. Er entfaltet seine stärkste Wirksamkeit immer in einer günstigen Verbindung mit anderen Planeten, besonders in der Saturnstunde. Er ist der eigentliche magische Transformator des astralen Lichtes! Ohne ihn gelingen magische Beschwörungen nur selten und er ist besonders bei Sexulmagie in Verbindung mit Venus- und Mars-Stunden wirksam:

- Natur: weiblich, Nachtplanet, kalt und feucht.
- Würden: Domizil im Krebs, Exil im Steinbock, Erhöhung im Stier, Exil im Skorpion; Triplizität in der Erde, insbesondere in der Jungfrau.
- Tag: Montag.
- Physisch: das rechte Auge der Frau und das linke Auge des Mannes, Magen, Brust, das Wässrige, das Lyhmphsystem, der Tränenapparat, die Samenleiter und die Hoden des Mannes, die Eierstöcke, der weibliche Schoß, die Gebärmutter, die periodischen Schwankungen bei Mann und Frau, die Milchdrüsen, Blase, Milz, Leber, Magen, Schlund, Schilddrüse, Brust und Sympathikus. Wachstum, Zeugung, Empfängnis, Schwangerschaft und Geburt. Unter dem Mondeinfluss stehen folgende Körperteile das Gehirn, der Bauch, die Blase, das Drüsengewebe, das sympathische Nervensystem, Fett, Samen, die Geschlechtsteile, die Brüste des weiblichen Geschlechts.
- Signifikator für: Es werden von ihm beeinflusst: Fürstinnen, adelige weibliche Personen, das weibliche Geschlecht überhaupt, hauptsächlich ältere Frauen. Ferner Schiffer, Fischer, sowie alle Berufsarten, die mit dem Wasser zu tun haben, Gärtner, Diener, Köche und Köchinnen, Jäger, Gesandte (mit irgendeiner Mission Beauftragte), Reisende, Ärzte (Mediziner), Brauer, Seiler, Höcker, Hausierer, Winzer, Wirtsleute, Schauspieler, Landleute. kleine Kinder, Frauen, das Volk, Publikum, Krankenschwester, Hebammen, Wirte, Fischer, Hausierer, Antik- und Antiquitäten-händler; feuchte Plätze, Kneipen und Getränke.
- Tiere, die im Wasser leben wie Frösche, Krebse, alle Schaltiere, Fische; das Schwein, das Rind, die Katze, Kaninchen, Hasen, dann Papageien, Nachtigallen, Eulen und andere Nachtvögel.
- Silber, Kristall, Opal, Beryll, Aquamarin, Mondstein, Perlen.
- Auf Glas, Spiegel, Porzellan u. ä. übt der Mond ebenfalls einen

großen Einfluss aus.

- Von den Pflanzen unterstehen dem Mondeinfluss die Narzisse, Gurken, Melonen, Kürbisse, Endivien, Mohn, der Weinstock, alle Beerenpflanzen, Lattich, Bohnen, Linsen, Kartoffeln, Seerose.
- Beziehungen: Wachstum ist verschieden, oft schnell; Form: mysteriös, fremdartig; fader Geruch, geschmacklos süßlich.
- Die den Mondschwingungen entsprechenden Farben sind alle gelblich-blassen, weißen, weißlichen, mondschillernden oder silbergrauen, silbernen Farben, matte Farben auch zart violett.

Das Runen-Mond-Symbol.

Der Mond beherrscht die biologischen Prozesse und steht für Fruchtbarkeit, Wachstum, Änderung, Geburt und Tod. Die von der Sonne geschenkte Lebenskraft wird vom Mond angewandt, gewandelt und verbraucht. Er steuert das irdische Leben. In der niederländischen Sprache wird dieses Leben so schön „het onderrnaanse" (= alles was sich unter dem Mond befindet) genannt. Kein Himmelskörper ändert uns gegenüber so rasch seinen Ort, als er. Er ist daher das Symbol des körperlichen und gedanklichen Umherschweifens d. h. der Fantasie, der Laune und des Reisens. Der Mond entspricht deshalb der Ebene dieser Welt, dem sinnhaften Märchen. Die Erscheinung von Ebbe und Flut zeigt seinen Einfluss auf das Wasser. Die Tatsache der weiblichen Periode beweist, wie sehr diese Mondrhythmik den Wassern im menschlichen Körper eingeprägt ist, der ja chemisch gesprochen zum allergrößten Teile aus Wasser besteht. Der Mond regiert also alle Beziehungen des Menschen zum Wasser in außerordentlichem Grade. Seine Periodik beeinflusst auf das Stärkste die Fruchtbarkeit im menschlichen Leben, mag sie auf körperlichen, seelischen oder geistigen Gebiete liegen: er ist also Symbol des Neuartigen, Abenteuerlichen, der Mystik, Intuition, Medialität. Aber auch des ungehemmten Extravaganten. Sein starker Rhythmus prägt sich ferner in der Neigung für Musik, sowie in allem aus, was periodisch zu verlaufen pflegt, z. B. in gewissen Krankheiten, namentlich des Gemüts.

Die in diesen Zügen geschilderte Mondkraft kommt in der Hand im Mondberge zum Ausdruck. Psychisch steht der Mond für das Gefühlsleben, für die wechselnden Stimmungen (analog seiner wechselnden Scheingestalten und vertritt deshalb die Regelblutungen der Frau). Der Mond ist sensibel und kann launisch sein. Franz Bardon sagt dazu: *„Dass der Mond durch seine Drehung und seinen Umlauf um unsere Erdkugel die verschiedenen elektromagnetischen Kraftfelder und Schwingungen seiner Aura und jener unserer Erde rasch passiert, ja man kann ruhig sagen direkt durchschneidet, und Bestehen und Schicksal des Erdplaneten beeinflusst, muss nicht erst besonders hervorgehoben werden. Der Sphärenmagier kann sich den Mondeinfluss in den vier Graden Ekliptik – Erdgürtelzone – ausrechnen, desgleichen, dank der Kenntnis der Analogiegesetze, seinen Einfluss auf die Erdgürtelzone und auf unsere Welt. Die Verwertung dieser Einflüsse bleibt dem erfahrenen Magier vorbehalten ... Als Planet beeinflusst er alles Flüssige auf unserer Erde. Die Mondsphäre dagegen ist mit dem Astralkörper und der Astralmatrize des Menschen analog.*

Sonne und Mond:

Die beiden Lichter Sonne und Mond nehmen einen besonderen Platz in der Astrologie ein. Die Sonne ist sinnbildlich das rein männliches (elektrisches) und der Mond das rein weibliches (magnetisches) Prinzip. Kennzeichnend dafür ist, dass beide nur ein einziges Domizil haben: die Sonne das männliche Zeichen Löwe, der Mond das weibliche Zeichen Krebs, während die antiken Planeten Merkur bis Saturn je über zwei Domizile (Tierkreiszeichen) verfügen: ein männliches und ein weibliches – Plus und Minus!

Die Sonne verkörpert die universelle und ewige Lebenskraft, der Mond repräsentiert das zeitliche wechselhafte individuelle Leben selbst. Man denke hier an Platons Ideenlehre, die von einer unveränderlichen Welt der Ideen (Sonne) ausgeht, die sich in zeitlichen Erscheinungsformen (Mond) niederschlägt. Diesbezüglich gibt es einen wesentlichen Unterschied zwischen dem Sonnenlicht und dem Mondenschein, der nichts anderes als reflektiertes Sonnenlicht ist.

Günstige Beeinflussung.

Man benutzt seine Kräfte zu der Beschwörung der Zwischenwesen, besonders in den Vollmondnächten und zur Beeinflussung weiblicher Personen. Alle Dinge, die mit Wasser, Pflanzen und Tieren zu tun haben, unterliegen starkem Mondeinfluss.

Ein Sexualakt, welcher zur Befruchtung führen soll, ist möglichst in der Mondstunde vorzunehmen. Für Eheleute ist die Mondstunde zum ehelichen Verkehr geeignet. Die Stunde ist günstig für Reisen und Veränderungen, Domizilwechsel, für freundschaftliche Beziehungen mit Frauen, alle Heimangelegenheiten, Gartenarbeiten, Krankheitspflege, Berufswechsel.

Zu den Mondstunden bewerkstellige man den Einkauf von Lebensmitteln, größeren Haustieren, wie Rindern und Schweinen, aber auch von Kaninchen, Hasen, Krebsen und Fischen.

In der Mondstunde kaufe oder handle man mit silbernen Gegenständen, mit Glas, Kristallen, Porzellan, Spiegeln, auch mit Schmucksachen, die Perlen, Opal, Beryll, Aquamarin, Mondsteine enthalten.

Man soll die Kinder zu dieser Stunde zum ersten Mal zur Schule senden.

Zur Mondstunde beginne man Reisen zu Wasser oder kürzere Reisen zu Land, nehme Übersiedelungen vor, freie um das weibliche Geschlecht (schließe aber keine Ehe), erledige überhaupt Angelegenheiten mit Frauen und Mädchen, knüpfe Bekanntschaften an mit Leuten, deren Beruf dem Mond unterstellt ist, beginne Forschungen, die mit Reisen und Veränderung in Verbindung stehen, und statte Besuche ab.

In dieser Stunde wird man Gunst, Erfolg oder Protektion erreichen bei Fürstinnen, höhergestellten Damen, älteren Frauen.

Zur Mondstunde stelle man Gärtner und Hausgehilfen, Laufburschen, Reisende, Jäger und Fischer an.

Man nehme eine Amme nur zur Mondstunde an und lasse nur zu einer solchen Stunde den Säugling zum ersten Mal an ihre Brust legen.

Zur Mondstunde pflanze man Narzissen, Nachtschattengewächse, Kartoffeln, Gurken, Melonen, Kürbisse, Bohnen und Linsen, den Weinstock und Beeren.

Ferner kaufe man Stoffe, die eine gelbliche, weiße, weißliche mondschillernde und silbergraue Farbe haben.

Alle vom Mond beeinflussten Berufsarten sollen ihren Beruf zur Mondstunde beginnen. Eine Jagd, die man zur Mondstunde anfängt, wird sehr ergebnisreich sein, ebenso die Fischerei. Das Keltern des Weines, der

Beeren, das Brauen des Bieres ist am günstigsten zur Mondstunde. Zur Mondstunde lege man sein Geld zur Sparkasse.

Ungünstige Beeinflussung.

Man hüte sich zur Mondstunde mit dem Beginn eines Hausbaues. Ferner vermeide man es, Geld zu leihen, neue Kleider anzulegen, zu heiraten, Gelöbnisse zu empfangen oder zu geben.

Da die Mondstunde den Wechsel und die Veränderung repräsentiert, soll man sich hüten, alles, was Stetigkeit und längere Dauer haben soll, zu unternehmen.

Prozesse, Hausbau, Neueinrichtung von Wohnungen sollte man nicht zu einer Mondstunde beginnen.

Man unterlasse zur Mondstunde jede Falschheit, Lüge und Verleumdung, sonst würde man sich sehr schädigen, weil sie wieder auf den Urheber zurückfällt. Auch vermeide man zu dieser Zeit jeden Verkehr mit Menschen, deren Charakter unwahr ist. Man hüte sich besonders zu diesen Stunden vor Diebstahl und Betrug.

Prozesse, zur Mondstunde begonnen, enden nur dann günstig, wenn sie an einem Donnerstag anhängig gemacht werden.

Man unterlasse zu dieser Stunde die Heilung von Lähmungen, Augenleiden, Geschlechtsleiden, geistigen Störungen, Bauchkrankheiten, Magenleiden. Blasenleiden, Erkrankungen der Drüsengewebe und Lymphgefäße, des sympathischen Nervensystems und der weiblichen Brüste.

Alle zur Mondstunde eintretenden Erkrankungen sind sehr wechselvoll und nehmen meist einen unregelmäßigen Verlauf.

Wann verlaufen Operationen günstig?

Zur astromagischen Erdmagie gehören die irdischen Tätigkeiten. Keine Operation durchführen, wenn der Mond durch das Zeichen läuft, das den Körperteil bedeutet. Z. B. für Augen- oder Kopf-Operationen ist also der Mond in Widder im Transit schlecht. Werden Operationen an Tagen vorgenommen, an denen der Mond in dem Zeichen steht, das den Körperteil beherrscht, der operiert werden soll, so kann die Operation leicht böse verlaufen, erfolglos sein, Komplikationen zur Folge haben, langwierige Schmerzen nachfolgen lassen oder dgl. Auch Injektionen sind in den Körperteil zu vermeiden, in dessen Zeichen der Mond gerade steht. Meist hat man also die Wahl zwischen dem Mond-Stand in den 11 Zeichen, die nicht den fraglichen Körperteil beherrschen. Für den Erfolg ist dabei die hier unten abgedruckte Tabelle zu beachten.

Widder – eventuell ja
Stier – zweifelhaft
Zwillinge – zweifelhaft
Krebs – gut
Löwe – zweifelhaft
Jungfrau – zweifelhaft
Waage – eventuell ja
Skorpion – zweifelhaft
Schütze – ja, gut
Steinbock – zweifelhaft
Wassermann – eventuell ja
Fische – ja, gut

Saturn:

Die Saturn-Ebene erfasst das Wesentliche, sie erkennt das Zusammenspiel der Gesetze und setzt es in eine wirksame Form um. Saturn ist der römische Saatgott (lateinisch: serere-satus: säen). Sein Altar stand in Rom auf dem Forum Romanum. Sein Fest waren die Saturnalien, ein karnevaleskes Ritual, an denen alle Standesunterschiede aufgehoben wurden und die Herren ihre Sklaven bedienten. Die Saturnalien fanden jährlich rund um den 21. Dezember statt, die Zeit der Sonnenwende (Julfest) und des Eintritts der Sonne ins Saturndomizil Steinbock. Saturn wurde dem griechischen Gott Chronos gleichgesetzt. Er ist der Gott der Zeit (griechisch: chronos = Zeit), der Hüter der Schwelle zwischen Leben und Tod, Zeit und Ewigkeit. Der Planet Saturn ist ein besonders starker magisch wirkender Planet und mit großer Vorsicht zu benutzen. Er ist der Planet des Todes und in seiner Stunde tritt meist der Tod ein. Esoterisch gesehen ist er der Planet des Karmas, der Hüter der Schwelle, der Planet der Reife und der tiefsten Verinnerlichung. Aber man muss diesen großen Demiurgen in seiner höheren Oktave (Loki) erfassen, dann führt er den Suchenden auf die höchsten Höhen der Erkenntnis.
Der Saturn gilt als das Prinzip der Langsamkeit und Schwerfälligkeit, in

gewisser Beziehung auch der Stetigkeit. Er ist hauptsächlich der Planet der Einsamkeit, Entsagung, Erniedrigung, Armut und Traurigkeit. Er repräsentiert nach astrologischer Lehre ein arbeitsames, mühevolles, an Enttäuschungen reiches Leben. Im Übrigen ist der Saturn bedeutsam für das Gedächtnis das Greisenalter, Wissenschaften, Erfahrungen, Gebäude, Krankenhäuser, Erbschaften, Bergbau, Ackerbau, Landleben, Handarbeiten und Geschäfte unreiner Art. Es unterstehen ihm alle ärmlichen Wohnungen, alle dürftigen, niedrig gelegenen Länder, die Gefängnisse und andere abgeschlossene Baulichkeiten. Er bewirkt gewaltsames Sterben, schlechte Ernten, Hungersnot, Viehsterben, Überschwemmungen, Schiffbrüche, langwierige Krankheiten, Scheidungen, Verlassenheit, Verurteilung und Gefängnis. Die Astrologie nennt ihn das große Unglück:

- Natur: männlich, Tagesplanet, kalt und trocken.
- Würden: Domizile in Steinbock und Wassermann, Exile in Krebs und Löwe, Erhöhung in der Waage, Fall im Widder, Triplizität in der Luft, insbesondere in den Zwillingen.
- Tag: Samstag, (englisch: saturday).
- Physisch: Haut, Gelenke, Zähne, Knochen, Knie, Milz, Blase, das rechte Ohr, das Schienbein und der Vorderarm; das zusammenziehende Prinzip, Festigung, Verdichtung, Verhärtung, Kontraktion, Hemmung der Sekretion, Anlagerung von Mineralien, Verkalkung, Erstarrung, die Bildung der Zähne, Knochen, Haare, dem Schwung des Gewebes, der Haare, Knochenerweichung und -schwund, Insuffizienz der Drüsen und Schleimhäute, Verstopfung, Kristallbildung, lokalen Muskel- schwund, Rheumatismus.
- Farbe: Den Saturnschwingungen entspricht die schwarze, dunkelbraune, dunkelgraue und dunkelgrüne Farbe.
- Signifikator für: Es werden von ihm beeinflusst: Bauern, Bergleute, Gerber, Töpfer, Erdarbeiter, Bettler, Juden, Söldlinge, sklavische, niedrigstehende Menschen, Ziegler, Krämer, Färber, Küster, Totengräber, Beerdigungsleute, Schäfer, Schuhmacher, Priester, Mönche, Seher und mediale Menschen, Asketen, Einsiedler, Gefangenenaufseher; aber auch Diebe, Betrüger, Räuber und niedrig denkende, habsüchtige und geizige Menschen unterstehen seiner Wirkung; alte Menschen, Einsiedler, dunkle Orte, Keller, Friedhöfe, Gräber, Wände, Türen und Schlösser, Gesetze, Verträge, Bodenbearbeitung, die Schwerkraft.

- Von den Pflanzen gehören ihm der Holunder, die Eiche, Bäume mit rauher Rinde, die Raute, Palme, Zwiebel, Knoblauch, Aloe, Stechpalme und Mistel, sowie die Hyazinthe.
- An Tieren sind ihm zugeeignet alle unreinen Tiere, das Schwein, das Kamel, der Bär, das Nilpferd, der Esel, die Katze, Strauß, Kranich, Eule, sowie alle langsam sich bewegenden Schal- und Wassertiere, alle Käfer, der Skorpion und ferner der Igel und der Maulwurf;
- an Mineralien eignen ihm alle dunklen, schwarzen und brüchigen Steine, das Blei;
- an Edelsteinen der Onyx und die schwarzen Perlen.
- Beziehungen: Wachstum langsam; Form lang, traurig; Geruch stinkend, betäubend; Geschmack herbe, oft giftig.

Das Runen-Saturn-Symbol.

Saturn konzentriert und verdichtet. Er materialisiert. Er strebt nach sichtbaren, konkreten Resultaten. Deshalb ist er ehrgeizig. Saturn wird in der klassischen Astrologie der große Übeltäter genannt, weil er bewirkt, dass man nichts geschenkt bekommt, dass man sich alles knochenhart erarbeiten muss. Das, was man gesät hat, kann meistens erst viel später und oft mit großer Mühe geerntet werden (Saturn: der Saatgott). Unter der Herrschaft Saturns kommen die Dinge nur langsam voran. Saturn ist der langsamste der antiken Planeten. Andererseits: Das, was schließlich erreicht hat, steht auf sicheren Grundlagen. Saturn ist nämlich der große Lenker des Schicksals im guten wie im bösen Sinne. Er symbolisiert die Hindernisse, durch deren Überwindung, die Gefahren, durch deren Bestellen die Seele für Erlangung höherer Entwicklungsstufen gereift und geschult wird. Alles, was mit Konzentration und Lebensernst zu tun hat, untersteht dem Saturn.

In niederer vulgärer Auffassung ist er also mit Recht der Sender von Unglück und Katastrophen (daher sein Göttername Satan!). Nach höherer Auffassung sind derlei Erlebnisse für den wirklichen Aufstieg gar nicht zu entbehren. Wenn die alten Astrologen ihn „das große Unglück" nannten (das kleine ist Mars!), so wird das nur einer Seite seines Wesens gerecht. Saturn ist der große Richter, der die Wage der Gerechtigkeit in der Hand hält und unbestechlich seines Amtes waltet. Nicht umsonst ist er im Zeichen Wage, wie man sagt, „erhöht", d. h. verstärkt wirksam.

Saturn gibt dem Leben Form und Gesetz, nicht nur die äußeren, sondern auch die inneren Gesetze, nämlich unser Gewissen! Saturn bewirkt die Melancholie, jene schwermütige Stimmung, die entsteht, wenn man realisiert, wie unvollkommen das Leben ist, wie sinnlos es oft erscheint, weil man als Mensch seine Beschränkungen nie völlig überwinden kann, und wie das Leben von der Zeitlichkeit durchdrungen ist. Wer ihn überwindet, d. h. seine große Kraft durch Annahme seiner Lehre sich zu eigen macht, der empfängt den Segen des Saturn, – die Reifung durch eigenes Ringen. Es versteht sich, dass auch Extreme in diesem Zeichen sich entwickeln können. Melancholie, übergroßer Ernst, Menschenscheu, Absonderung, und zwar im polaren Sinne. Die alten Chiromanten brachten ihn häufig mit dem Gefängnis in Beziehung. Auch Klöster und ähnliche Anstalten wären als saturnisch anzusprechen. Die Saturnkraft ist im Körper des Menschen im Saturnberg und -finger lokalisiert zu denken, dessen Wirkungsebene in der Hand noch in der im Saturnberg mündenden „Saturn-" oder Schicksalslinie liegt. Franz Bardon sagt dazu: *„Den Schwingungen der Saturnsphäre, die so drückend wie ein Alp einwirken, ist nicht jeder gewachsen. Die Saturnsphäre ist nämlich die sogenannte Karmasphäre. Die Intelligenzen dieser Sphäre können von der verstandesmäßigen Auffassung, vom intellektuellen Standpunkt eines Menschen aus, als Richter aller Wesen, aller Planeten und Sphären betrachtet werden ... Über die 49 Intelligenzen der Saturnsphäre wäre zu sagen, dass diese der Reihe nach das karmische Urprinzip aller Sphären zu überwachen haben, namentlich aber das Wirken und Walten aller negativen Wesen sämtlicher Sphären, von unserer grobstofflichen Welt angefangen, verfolgen. Laut Göttlicher Vorsehung lassen sie Wirkungen von negativen Wesen zu. In der ganzen kosmischen Weltordnung walten sie über Wirkungen und Kräfte des vernichtenden Prinzipes. Sie sorgen für die Einhaltung der Gerechtigkeit und lassen durch ihre untergeordneten Wesen – je nach Göttlicher Zulassung – negative Wirkungen walten. Die Saturn-*

Intelligenzen gestatten Kriege nicht nur auf unserem Planeten, sondern überall dort, wo es Liebe und Hass gibt, lassen sie das negative Prinzip bis zu einer gewissen Grenze sich auswirken und sind diejenigen, die Menschen und Wesen aller Sphären laut Göttlicher Ordnung und Gesetzmäßigkeit streng richten. Deshalb gelten die Saturn-Intelligenzen als die sogenannten Richter und Schicksalsvollstrecker höchster Art. Ferner entscheiden sie darüber, wie lange schwarze Magier, die einen Pakt mit Wesen – negativen oder positiven – abgeschlossen haben, im Wirkungsbereich des betreffenden Wesens bleiben sollen. Jeder Ur-Intelligenz der Saturnsphäre steht ein ganz bestimmter Wirkungsbereich zu, ihrer Obhut unterliegt ein bestimmter Planet und eine bestimmte Sphäre ... Es ist nicht gerade angenehm, dem Arbeiten der negativen Wesen, ihrer Aufsicht, zuzusehen und die durchgeführten Bestrafungen geistig zu erschauen. Dazu gehören tatsächlich sehr starke Nerven und eine sehr gute mentale Festigkeit."

Doch man sollte ihn besser als einen Berater, Freund und Führer betrachten, der durch Leid zu Gott, zur Reifung führt. In einer stillen Stunde und durch die Strenge zu sich selbst erreicht man dieses hohe Ziel. Denn die Not führt zu den edlen Ideen. Deswegen sagt Bardon weiters über ihn: *„Wirkt als Planet auf das Schicksal aller drei Reiche – Mineral-, Pflanzen- und Tierreich – auf unserer Erde. In seiner subtilsten Form ist er bei uns als der sogenannte Äther bekannt. Die Saturnsphäre hingegen lenkt das Schicksal der Menschen, das Karma genannt wird. Dem größten Einfluss dieser Sphäre verdankt der Mensch die Gabe der Intuition, in der sich nach der Reife jedes einzelnen die Göttliche Vorsehung offenbart. In Ungeschulten äußert sie sich im Gewissen."*

Günstige Beeinflussung.

Er ist der eigentliche große Stundenanzeiger in der Lebensuhr des Menschen. Materiell ist er und seine Stunde günstig für alle Angelegenheiten, die mit älteren Personen, mit Wissenschaften, Studien, Erbschaften, Berg- und Ackerbau, Einsaat, Forschungen, Antiquitäten und Archäologie zu zusammenhängen.
Wichtige Dinge sollte man nie in der Saturnstunde beginnen, außer ernst zu nehmenden Studien und wissenschaftlichen Arbeiten. Ein Vertragsabschluss kann aber bei guter Aspektierung des Saturn mit Jupiter- oder Sonnestunde trotzdem günstig und dauernd sein.

Bei nekromantischen Beschwörungen, bei Anrufungen von Erdwesen ist die Saturnstunde günstig. Als Nachtstunde an den Sonnabenden ist sie besonders wirksam. Während der Saturnstunde handle man mit schweren Metallen, Steinen oder Dingen, die sich in der Erde befinden, auch mit Land- und Grundbesitz.

Diese Stunden sind hauptsächlich günstig für die Landwirtschaft, sofern sie Erde, Steine und Baulichkeiten betrifft, für Bergwerke, Grabungen, Brunnenbau, für Töpfer, Schuhmacher, Lederarbeiter, Gerber, sowie alle Beschäftigungen, die dem Saturn unterstehen. Zu diesen Stunden soll man auch dunkle oder schwarze Kleider kaufen.

Im Allgemeinen sollen zur Saturnstunde nur Angelegenheiten unternommen werden, die dem geschilderten Einfluss entsprechen.

Ungünstige Beeinflussung.

Man hüte sich, in der Saturnstunde Arzneien einzunehmen, ziehe keine neuen Kleider an, lasse sich nicht die Haare schneiden, besteige kein Schiff, trete keine Reise an und schließe keinen Liebes-, Ehe- oder Freundschaftsbund.

Schlecht aspektiert wirkt er meist unheilvoll, negierend und hemmend, arm- und krankmachend und vernichtend. Ungünstig aspektiert wirkt er immer mit chronischer verzögernder Tendenz.

Er ist die Ursache von Unglücksfällen mit meist tödlichem Ausgang oder langwieriger chronischer Krankheit als Folge. Demzufolge ist die Saturnstunde nur in den seltensten Fällen als günstig anzusehen.

Saturn fördert die Neigung zur schwarzen Magie und gibt einen grausamen Charakter.

Eine in der Saturnstunde beginnende Krankheit hat meist tödlichen Ausgang und immer einen chronischen Verlauf.

Man vermeide es ferner, zur Saturnstunde mit hochgestellten Personen zu verkehren, ebenso mit Priestern, Amtspersonen, Fischern, Jägern, Maurern.

Es ist ungünstig, zur Saturnstunde die Erlangung einer Protektion oder eines Amtes nachzusuchen und stelle man keine Untergebenen an, verleihe kein Geld und borge auch keines, auch nicht andere Dinge.

Ferner hüte man sich zur Saturnstunde vor jedem Verkehr mit rohen oder geizigen Menschen, fange keine Prozesse an und vermeide alle Handlungen unedler, niedriger oder habsüchtiger Art.

Zur Saturnstunde soll man kein Bad nehmen und sich sehr vor Erkältungen hüten.

Sonne, Mond und Saturn: Gegensatz und Ergänzung:

Saturn ist der Gegenspieler von Sonne und Mond. Er hat seine Exile in den Zeichen Krebs und Löwe, in denen Sonne und Mond ihre Domizile haben. Umgekehrt haben diese ihre Exile in Saturns Domizilen Steinbock (Exil des Mondes) und Wassermann (Exil der Sonne). Während Sonne und Mond im Grunde ideelle Kräfte sind, verkörpert Saturn die knallharte Realität. Er gibt dem Leben Form und Gesetz. Im Idealfall ergänzen sich Sonne, Mond und Saturn gegenseitig. König Sonne kann nur ein guter Herrscher sein, wenn er auf sein Gewissen (Saturn – Akasha) hört und die Gesetze respektiert. Der sensible und launische Mond kann nur mit Hilfe von Saturn Stabilität finden.

Merkur:

Der Merkur entspricht dem Verstand und dessen Nutzanwendung; sie sind Lehrer des Volkes (Hermes, Wodan usw.), die Priester und Richter, die Berater und Muntwalte in allen Fragen des täglichen Lebens. Mythologisch wird der römische Gott Merkur dem griechischen Gott Hermes gleichgesetzt. Er ist der Götterbote, der Vermittler zwischen Himmel und Erde. Dank seines schlanken Körpers und der kleinen Flügel an Füßen und Helm ist er blitzschnell, genau so wie sein Planet der schnellste unter den Planeten ist. Merkur ist auch der Gott der Diebe und Betrüger. In der Hand hält Merkur den Hermesstab, um den sich zwei Schlangen der Weisheit winden, die das kosmische Plus und das kosmische Minus verkörpern und die Dualität des irdischen Lebens symbolisieren, die sich zu einer Einheit finden sollte. Merkur-Hermes ist der Führer der Seelen in die Unterwelt. Übrigens hatten Merkur und Venus eine Beziehung, aus der Hermaphroditos (Sohn des Hermes und der Aphrodite) geboren wurde, ein Wesen mit Kennzeichen der beiden Geschlechter, was auch zum dualistischen Charakter Merkurs passt. Der Merkur beeinflusst den Intellekt, den Geist, des Menschen. Seine Prinzipien sind Schnelligkeit, Geschicklichkeit, Geistesarbeit, Erfindungen, Wissenschaft, Kunst und Handel. Der ihm zugeordnete Merkurstab steht für den Ausgleich, der die Widerstände und Gegensätzlichkeiten zusammenführt.
Er macht uns geistreich, begabt, lernbegierig, vorsichtig, sophistisch,

schlau, verschmitzt, lässt uns stets auf Neues spekulieren, macht uns sehr beweglich und gönnt uns wenig Ruhe.

Der Merkur ist im menschlichen Leben hoch bedeutsam für die Redekunst, alle Wissenschaften, Technik, Industrie, Gedankenarbeit, Künste, Vorträge, Geschäfte, Fleiß, Reisen, Täuschung, Schlauheit, Lüge, List, Trugschlüsse und Sophismen aller Art. Sein Einfluss verursacht auch Sprachverlust, Wahnsinn und Epilepsie.

- Natur: männlich oder weiblich (abhängig von der Position im Tierkreis, von Verbindungen mit anderen Planeten usw.), Tagesplanet (als Morgenstern) oder Nachtplanet (als Abendstern), kalt und trocken.

- Würden: Domizile in Zwillinge und Jungfrau, Exile in Schütze und Fische, Erhöhung in der Jungfrau, Fall in den Fischen, Triplizität in der Luft, insbesondere in Waage und Wassermann.

- Tag: Mittwoch (französisch: mercredi).

- Physisch: Zunge, Schultern, Gehör, Sprachzentrum, Bewegungs-apparat, Gehirn, Nerven, die Zunge, die Kehle, die Oberarme, Hüften, Beckenknochen und die Galle.

- Farben: Mit diesen Schwingungen stehen alle hellgrauen, silbergrauen und unbestimmten Farben in Harmonie.

- Signifikator für: Die von ihm beeinflussten Berufsarten sind: alle genialen Leute, Philosophen, Mathematiker, Naturforscher, Mediziner, Astronomen, Advokaten, Juristen, Finanzbeamte, Künstler aller Art, Schriftsteller und Dichter, Lehrer, Redner, Hof- und Staatsdiener, Diplomaten, Kaufleute, Techniker, Chemiker, Redakteure, Journalisten, Handelsangestellte, kleinere Beamte, Postbeamte, Apotheker, Mechaniker, Buchdrucker, Uhrmacher, Tänzer, Schausteller, Possenreißer, Artisten Geschäftsvermittler, Dresseure, aber auch Taschenspieler, Diebe, Schwindler, Betrüger und Lügner aller Art; alle Formen der Kommunikation, Geschäfte, Papiere, Dokumente, Computer, Medien usw., Wissenschaftler, intelligente, Geschäftsleute, Buchhändler, Anwälte, Bürokräfte, Schulen, Läden und Märkte.

- Seinen Schwingungen entsprechen alle sumpfigen Orte und bewässerten Täler.

- Unter den Tieren sind die Affen, Füchse, Ameisen, die meisten Singvögel;

- unter den Pflanzen alle Staudengewächse, Petersilie und alle Farbpflanzen;
- unter den Mineralien das Quecksilber, alle gemischten Erze;
- unter den Edelsteinen der Topas, Karneol und die meisten farbigen Halbedelsteine.
- Beziehungen: Wachstum schnell; Form fremdartig, gekrümmt, klein; Geruch schwach, aromatisch; säuerlich.

Das Runen-Merkur-Symbol.

Er ist das Symbol der Gedankenkraft, so weit sie sich als Verstand (Intellekt) äußert. Er verkörpert den anderen genannten Kräften gegenüber also ein höheres Prinzip. Ist der Mond die fruchtbare Natur, die Urmutter, aus deren Schoße alles quillt, sind Mars und Venus die Doppelkraft, die alles neue Leben schaffen und erhalten, so ist Merkur das erste Prinzip, das sich über das Geschaffene erhebt und es zu höheren Zwecken zu meistern vermag. Alles, was ins Gebiet der Wissenschaft, des Wissenwollens schlägt, gehört hierher. Aber auch die Anwendung der Gedankenkraft auf das praktische Leben, auf Handel, Industrie usw. Ebenso alles, was diesem Berufe dient, die Gabe der Beredsamkeit, des Schreibens, die Gerissenheit, die den anderen übervorteilt, ja, endlich – in seinen niederen Formen – die Unendlichkeit, die auch krumme Wege nicht verschmäht, alles dies ist Merkurwerk. Bei den alten Völkern galt Merkur daher mit seiner Eigenschaft als geflügelter Himmelsbote und Mittler zwischen Göttern und Menschen, d. h. zwischen den höheren und den niederen Kräften im Menschen selber!
Der Wirkungsort der Merkurkraft im Körper ist der gleichnamige Berg und Finger, sowie die von diesem Berge ausgehende Merkurlinie. Wir sagten: Mittler zwischen Göttern und Menschen. Man kann Merkur auch die

Brücke nennen, die von den chaotischen Kräften des Unten zu den erhabenen, lichtvollen des Oben führt, die durch die Begriffe Sonne (Apollo), Jupiter und Saturn umrissen werden. Man denkt sich eine Querlinie gezogen vom Merkurberg zu der Handwinkelung zwischen Daumen und Zeiger, so hat man damit die Grenzscheide zwischen den zwei Welten, der niederen und der oberen, gezogen; und legt über diesen Querbalken einen Längsbalken, der in der Richtung des Mittel- oder Saturnfingers die Hand durchläuft, – sehr häufig nimmt die Saturnlinie selber (d. h. jene große Hauptlinie, die am Saturnberg endet) diese Richtung, – so hat man das heilige Kreuzzeichen, unter dem sein ganzes Leben steht, – meist ohne, dass man selber es weißt.

Merkur und Venus nennen wir die Innenplaneten, weil sie näher an der Sonne stehen als die Erde. Am Himmel halten sie sich immer in der Nähe der Sonne auf und können deshalb nur morgens vor Aufgang der Sonne oder abends nach deren Untergang beobachtet werden. Wenn Merkur und Venus morgens vor der Sonne aufgehen, sind sie Morgenstern; wenn sie abends nach der Sonne untergehen, Abendstern.

Bedeutung: Als Morgensterne neigen Merkur und Venus zum Konkreten, Praktischen, Diesseitigen, als Abendsterne zum Abstrakten, Theoretischen, Spirituellen.

In der Astrologie steht Merkur für den Verstand, den Intellekt. Er kann Dinge und Situationen schnell und kritisch analysieren. Wissenschaftliche Detailarbeit fällt unter Merkur. Der berühmte kartesianische Satz: „Ich denke, also bin ich" ist eine typisch merkurische Aussage.

Wir haben bereits gesehen, dass auch Lüge und Betrug unter Merkur fallen. Zudem kann er bewirken, dass es zu Missverständnissen kommt, dass Informationen nicht begriffen werden, ihr Ziel nicht erreichen kann oder einfach Resultate zurückgehalten werden. Besonders ein rückläufiger Merkur kann sich auf diese Art und Weise auswirken. Bardon sagt dazu: *„Den überlieferten Aufzeichnungen gemäß war Hermes Trismegistos ein Vertreter des höchsten Wissens, ein leuchtendes Beispiel menschlicher Intelligenz und eines erleuchteten Verstandes, der Merkursphäre entsprechend, da ja diese Sphäre dem unsterblichen Geist zugeschrieben und ihm auch analog ist ... Der Merkurplanet beeinflusst den gasförmigen Zustand unserer Erde. Seiner Sphäre unterliegt der Mentalkörper des Menschen ... Zur Merkurzone zurückgreifend sei nochmals gesagt, dass ihre Sphäre der Mentalsphäre des Menschen analog ist und die Genien der Merkursphäre daher auf den Geist – Mentalkörper – eines jeden Menschen* *den größten Einfluss ausüben."*

Günstige Beeinflussung.

Die Merkurstunden eignen sich gut zum geschäftlichen Briefwechsel, zum Unterzeichnen von Verträgen und Kontrakten, sowie zum Beginn literarischer Angelegenheiten, gut für Reisen, Vertretungen, Handelsgeschäfte, Geldsachen, Lehrtätigkeit, Journalistik, Zeitschriften, Schule, Gesuche und Botschaften. Gut aspektiert fördert der Planet Merkur das wissenschaftliche Studium und die Forschung. Er verleiht in günstiger Stellung die Gabe der Überredung und befördert durch Studium und intuitives Erkennen alle Erfindungen und Entdeckungen. Die Merkurstunden sind günstig für das Anlegen von Geld, das Überreichen von Gesuchen aller Art, das erstmalige Senden der Kinder zur Schule sowie für den Beginn aller künstlerisch-wissenschaftlichen Arbeiten. Die Landwirte sollen zur Merkurstunde die Tiere begatten lassen und Bäume pflanzen.
Das Senden von Botschaften, das Graben von Brunnen, der Beginn von Bauten sind zur Merkurstunde mit Erfolg gekrönt.
Zur Merkurstunde ist es gut, mit Buchdruckern, Buchhändlern, Verlegern, Redakteuren und Journalisten zu verkehren oder eine Stellung in einer dieser Berufsarten anzutreten. Alle Gelehrten, Lehrer, Ärzte, Musiker, Redner, Schriftsteller, Chemiker, Apotheker, Kaufleute werden bei Ausübung ihres Berufes stets Glück haben und Erfolge erringen, wenn sie die Merkurstunde beachten.
Der Beginn eines Unterrichtes sowie der Abschluss eines wichtigen Handelsgeschäftes sollen nur zu dieser Stunde unternommen werden.

Ungünstige Beeinflussung.

Die Merkurstunde ist für alle Ehe- und Liebesangelegenheiten höchst ungünstig und wird immer Enttäuschungen im Gefolge haben. Man vermeide also, zu solcher Stunde eine Ehe einzugehen oder ein Verlöbnis zu schließen; auch soll man kein Liebes- oder Freundschaftsverhältnis anknüpfen. Ungünstig ist er für Ehe und Liebesangelegenheiten, Freundschaften, für Verkauf von Grundbesitz und Abschluss von wichtigen Verträgen.
Zur Merkurstunde vermeide man die Rückkehr von einer Reise, die

Anstellung von Untergebenen und den Kauf oder Verkauf von Häusern, Äckern, Wiesen, Grundbesitz u. ä.

Eine Krankheit, die zur Merkurstunde beginnt, ist selten gefährlich, wenn sie nicht das Gehirn oder das Nervensystem betrifft. Bei solchen Erkrankungen wähle man zum Beginn der Heilungskur niemals die Merkurstunde. Zu dieser Stunde soll man sich hüten, sich in irgendein Menschengedränge zu begeben, die meisten Taschendiebstähle geschehen in der Merkurstunde; überhaupt muss man in der Merkurstunde vor Betrug, Überlistung und Schwindel achtsam sein.

Jupiter:

Jupiter steht für den königlichen höheren Verstand, der verantwortungsvollen geistigen Lenkung. Die Zucht zum wahren Menschen unterliegt ihm, denn die Gedankliche Einstellung ist das Entscheidende bei der Zeugung. Der Jupiter gilt als das Prinzip der Gerechtigkeit und Friedfertigkeit, aller Tugenden, schönen Eigenschaften, des Selbstvertrauens, Seelenadels, Stolzes der Gesetzmäßigkeit, Religion und Gottesverehrung. Der Planet Jupiter, der Demiurg der Fülle und des Reichtums, den man allgemein als Glücksplanet bezeichnet, hat aber eine viel stärkere astrale Tendenz, als man annimmt.

Der Einfluss des Jupiters verleitet die Menschen aber auch ein wenig zur Genusssucht, Ehr- und Ruhmsucht. Sonst aber verursacht er Weisheit, Gerechtigkeit, Frömmigkeit Hochherzigkeit, Majestät, Mitleid, Rednertalent, Gelehrsamkeit und die Gabe der Traumauslegung und Zukunftsenthüllung.

Die Astrologie nennt den Jupiter das „große Glück", denn er vermehrt alles Gute, verbessert ungünstige Lebenslagen und macht tugendhaft.

Jupiter, der höchste römische Gott, wird dem griechischen Gott Zeus gleichgesetzt. Er ist der Beherrscher des Himmels, des Lichts, des Blitzes, des Regens, er gilt als Schützer von Recht und Wahrheit. Der Adler ist Jupiters Bote und Symbol, der Blitzstrahl sein Attribut. Nicht umsonst heißt eines der Jupiterdomizile Schütze:

- Natur: männlich, Tagesplanet, warm und feucht.
- Würden: Domizile im Schützen und in den Fischen, Exile in den Zwillingen und der Jungfrau, Erhöhung im Krebs, Fall im Steinbock, Triplizität im Feuer, insbesondere in Widder und Löwe.

- Tag: Donnerstag (italienisch: giovedi, spanisch: jueves).
- Physisch: Lungen, Leber, spendet auch Lebenskraft, verursacht aber auch Zellwachstum und den Säftereichtum zu Vollblütigkeit, Blutentmischung, Zuckerharnruhr, zu Neubildungen wie Fibrom, Myom, Lymphsarkom, Krebs, meist im gutartigen Sinne. An Körperteilen werden von ihm beeinflusst die Rippen, die Schenkel, Lenden, Blut und Arterien, der Samen, teilweise auch die Hüften und die Füße.
- Farben: grün, königsblau, purpur, prächtig; die blaue, rotgelbe und dunkelrote Farbe entspricht seinen Schwingungen.
- Signifikator für: An Berufsarten unterstehen ihm Justizpersonen, Regierungsbeamte, Priester, Redner, Gelehrte, Richter, Anwälte, Studenten, Theologen, Wollwarenhändler, Gemischtwarenhändler, Tuchmacher, Kleidermacher, Musiker, öffentliche Beamte, aber auch Hochstapler und Charlatane; ferne Reisen, Religion, Glück (im Spiel), Wachstum, Regen, Pfarrer, Lehrer, Ärzte usw.,
- große freundliche Tiere (wie Pferde), sowie alle gelehrigen Tiere, wie Hunde, Elefanten, dann Hirsche, Rinder, Krähen, Adler, Tauben, Falken, Elstern, Pfauen und die Schwalbe;
- unter den Metallen das Zinn;
- unter den Edelsteinen der Smaragd, Saphir, Amethyst und Türkis.
- Unter den Pflanzen unterstehen dem Jupitereinfluss die Rose, die Lilie, Sandelholz, Lorbeer, die Eiche, das Zuckerrohr, Bohnen, Nüsse und Mandeln.
- Beziehungen: Wachstum üppig; Form stattlich, dicht; Geruch angenehm, wohltuend; Geschmack süß gut.

Wie Jupiter den alten Völkern als der Götterkönig (Indra) galt, der eine besonders hervorragende Stellung im Götterhimmel einnahm, so ist die dieser Vorstellung zugrunde liegende gleichnamige Weltkraft eine große Heilskraft, die nicht umsonst von den Astrologen „das große Glück" genannt wird, (das „kleine Glück" ist Venus). Jupiter symbolisiert das stolze Streben, den erfolgreichen Ehrgeiz, den Blick nach oben, und zwar sowohl auf der sozialen Stufenleiter wie in sittlicher Beziehung. Er ist eine Ergänzung und Erhöhung der Venus. Wirken beide Kräfte zusammen, d. h. sind sie gut entwickelt, so ergibt das, wenn Gegenkräfte nicht zu stark hinderlich sind, ein gesegnetes Leben voller Erfüllungen. Weisheit und Würde, Ehre und Protektion sind der Sinn des Symbols. Der äußere

Ausdruck der Jupiterkraft ist der gleichnamige Finger und Berg.

Das Runen-Jupiter-Symbol.

Jupiter ist in der klassischen Astrologie der Glücksbringer, der große Wohltäter, weil er als einziger Planet warm und feucht ist und damit der wohltemperierteste Planet am Himmel ist und die Qualitäten hat, die das Leben selbst entstehen lassen. Im trockenen Mittelmeerraum war der Gott Jupiter der Regenmacher! Im Gegensatz zu Saturn ist er großzügig und schenkt den Menschen gerne seine Gunst. Jupiter lässt alles wachsen und gedeihen und heilt, was krank ist. Er öffnet den Menschen weite Horizonte, sowohl geographisch (ferne Reisen) als intellektuell (Philosophie, Wissenschaften) und spirituell (Religionen). Jupiter denkt in großen Konzepten und sucht die Synthese. Er ist der große Optimist! Weil Jupiter alles im großen Stil macht, kann er sich negativ als Übertreibung und Verschwendung auswirken.

Franz Bardon sagt dazu: *„Ihr Machtbereich ist ein überaus großer, und ihr Einfluss, der gewissermaßen abstrakter Natur ist, dringt durch alle untergeordneten Sphären hindurch bis auf unsere Erdgürtelzone und wirkt somit auch auf alle drei Ebenen – Mental, Astral, Materie unserer grobstofflichen Welt ... Von allen Wesen, Engeln und Genien der Jupitersphäre gelten ihrem unbegrenzten Machtbereich nach zwölf Genien als die höchsten. Ihr Einfluss erstreckt sich auf die ganze kosmische Weltordnung, d. h. auf alle Sphären, Ebenen und Planeten und auf deren sämtliche Bewohner. Jeder von diesen zwölf Urgenien hat einen gewissen Zusammenhang mit unseren Tierkreiszeichen, und seine Analogiegesetze sind mit allen Sphären und Ebenen unserer kosmischen Rangordnung identisch ...Bewirkt als Planet die Harmonie und Gesetzmäßigkeit. Die*

Jupitersphäre hingegen regiert die schicksalsmäßige Evolution und die Gerechtigkeit im Menschen, lenkt seinen Weg zur Vollkommnung und zum Streben nach dem Höchsten, je nach der Reife eines jeden einzelnen."

Günstige Beeinflussung.

Zur Jupiterstunde kann man sich mit Erfolg an reiche und sozial hochgestellte Leute zwecks Erlangung einer Gunst wenden, um eine Anstellung sich bewerben, Waren kaufen, Spekulationen zur Erzielung höherer Preise unternehmen; Kaufleute machen gute Geschäfte sowohl mit Geld als auch in Waren.

Er ist an sich kein magisch wirkender Planet, fördert aber sehr das religiöse Denken und gilt als der Planet der Mystik und der Charitas. Allerdings verführt er ebenso oft zum Mystizismus, zu religiösen Irrlehren, zu überpolter Frömmigkeit, zum Aberglauben.

Seine Grundtendenz ist bei guter Aspektierung Güte und Wohlwollen, Weisheit und Priestertum.

Er gilt als der Planet der Rechtswissenschaft, der Geistlichkeit und Behörden. Deshalb sind seine Planetenstunden günstig bei Prozesse, Behörden, Rechtssachen, kirchliche und religiöse Dinge, Friedensverträge und gerichtliche Ausgleiche, Ehe, Verlobung, Glücksspiel, Öffentlichkeit, Repräsentation, Ämter, politische Parteiangelegenheiten in Betracht ziehen, sowie für mit hochgestellten Personen zu verhandeln, diplomatische Unternehmungen einleiten, Kapitalien anzulegen. Jupiter wirkt besonders günstig in materiellen Angelegenheiten, wenn er gut aspektiert von Sonnen- und Venusstunde ist.

Es ist sehr günstig, zur Jupiterstunde eine Heirat einzugehen, neue Kleider erstmalig anzulegen, zu reiten, zu reisen, zu säen, Bäume anzupflanzen und Bauten zu beginnen.

Man kauft zu dieser Stunde mit Vorteil alle Gegenstände, die eine blaue, dunkelrote oder purpurrote Farbe haben oder aus Zinn bestehen. Auch die oben angeführten Edelsteine sind in dieser Stunde günstig zu kaufen oder zu verkaufen.

Personen, die in Feindschaft lebten und Frieden schließen wollen, mögen dies zur Jupiterstunde vollziehen sie werden sich damit in dauernder Freundschaft verbinden wie diese Stunde überhaupt zum Abschluss eines Freundschaftsbündnisses sehr günstig ist.

Sein Haus soll man, wenn tunlich, zur Jupiterstunde verlassen, man hat dann eine erfolgreiche Wiederkehr.

Auch kann man zur Jupiterstunde Geld borgen oder verleihen, sein Geld mit Vorteil und Vermehrung anlegen, den Beginn neuer Gründungen und Unternehmungen veranlassen und schließlich Übersiedelungen durchführen, bei welchen man aber zu achten hat, dass der Einzug in das neue Heim ebenfalls zur Jupiterstunde vor sich gehen soll. Die Jupiterstunde ist günstig für den Beischlaf.

Ungünstige Beeinflussung.

Wohl fördert er die materiellen Angelegenheiten sehr, ist aber auch die Ursache aller mit dem Wohlleben zusammenhängenden Krankheiten. Bei einer ungünstigen Bestrahlung bringt er Verschwendung, Prozessverluste, und ist oft die Ursache von Charakterlosigkeiten. Zur Jupiterstunde unterlasse man den Einkauf von Waffen aller Art. Auch der Einkauf von Schafen und wiederkäuenden Tieren soll zu dieser Stunde vermieden werden. Man hüte sich vor Feuer, grabe keine Gruben, keine Brunnen, beginne keine Bergwerksarbeiten und meide vor allem jede Beschäftigung mit der Erde, man soll die Erde während der Jupiterstunde in Ruhe lassen.

Eine Krankheit, welche zur Jupiterstunde beginnt, wird selten gefahrvoll werden und in den meisten Fällen einer schnellen Heilung entgegengehen. Dagegen hüte man sich ein Leberleiden zur Jupiterstunde heilen zu wollen, bzw. damit zu beginnen.

Merkur und Jupiter: Gegensatz und Ergänzung:

Da Merkur seine Exile in den Zeichen hat, in denen Jupiter zu Hause ist, und umgekehrt, könnte man meinen, dass die beiden Gegenspieler sind. Das könnte tatsächlich der Fall sein, wenn man in seinem Denken in der Analyse stecken bleibt, sich nur um die Details kümmert (Merkur) und nicht zu einer Synthese (Jupiter) kommt. Oder umgekehrt: Wenn man sofort eine feste Überzeugung (Jupiter) hat, ohne diese zuerst mit Fakten untermauert zu haben (Merkur). Der einseitige Merkurmensch liest jeden Tag wenigstens drei Zeitungen von vorne nach hinten und weiß mit allem, was er liest, im Grunde nicht viel anzufangen. Der einseitige Jupitermensch steckt voller Überzeugungen, die meistens Vorurteile sind, weil sie kaum auf Fakten basieren oder weil er nur diejenigen Fakten annimmt, die zu seiner Überzeugung passen und für alles andere den Kopf in den Sand steckt. Vielleicht könnte man die Menschheit sogar in diese beiden Kategorien einteilen, denn diejenigen, die Merkur und Jupiter in ihrem Denken wirklich integrieren, sind weitaus in der Minderheit. Gute wissenschaftliche Arbeit kann nur entstehen, wenn Merkur und Jupiter eng zusammenarbeiten. Aufgrund einer gediegenen Analyse und Fakten-sammlung kann man erst zu einer Synthese und dann zu einem wertvollen Ergebnis kommen. Dass Merkur und Jupiter zusammen die vier beweglichen Zeichen beherrschen, bedeutet auch, dass beide immer in Bewegung sind und dass ihre Arbeit nie aufhört, gerade auch weil sie die Änderung anstreben! Auch die Wissenschaft erreicht nie einen Endpunkt, bleibt immer in Bewegung, wie der Philosoph Hegel betont hat. Eine These ruft immer eine Antithese hervor. Der Kampf zwischen den beiden führt unweigerlich dazu, dass er schließlich in einer Synthese aufgehoben wird, in der die besten Elemente der beiden bewahrt bleiben. Aber diese Synthese ruft erneut eine Antithese hervor, die erneut zu einer Synthese führt usw.

Venus:

Die Venus steht der Sippe und Zeugung vor, die Pflege des Familienlebens, des Sippengeistes; die Reinheit beider Geschlechter in allen drei Ebenen des Familienlebens war ihr Ziel. Die Heilsräterinnen regelten das Leben und vertraten die Frau. Die römische Göttin Venus (oder Astarte, welche mit ihren eigenen Riten verehrt wird), entspricht der griechischen Göttin Aphrodite. Nach griechischer Erklärung wird der Name von aphros, Schaum, abgeleitet, denn die Göttin wurde aus dem Schaum des Meeres geboren. Sie ist die Göttin der Liebe und Schönheit, der Kunst und der Harmonie. Sie schützt die Liebenden und straft die Verächter der Liebe. In Rom war der Monat April Venus als Frühlingsgöttin geweiht. Im April tritt die Sonne ins Zeichen Stier, eines der Venusdomizile. Venus hatte eine außereheliche Liebesbeziehung zu Mars. Venus hat zahlreiche Künstler inspiriert, denn die Venus ist symbolisch die Umkehrung des Erdzeichens. Zu den berühmtesten Kunstwerken, die Venus darstellen, rechnet man die klassische Statue Venus von Milo (Louvre, Paris) und Botticellis Gemälde „Die Geburt der Venus" (Uffizien, Florenz). Sie ist von starker erotischer Wirkung, beeinflusst die Sinnlichkeit und ist deshalb auch zu magischen Experimenten hinzuzuziehen, zumal, wenn sie mit dem Mars durch Aspekte verbunden ist. Die Venus ist gleich dem Jupiter ein glückbringender Planet, wenn auch nicht so kräftig. In der Astrologie wird sie das „kleine Glück" genannt.

Die Venus ist das Prinzip der Liebe, Geselligkeit und Fröhlichkeit. Ihre Kräfte beeinflussen die Menschen für die Schönheit, Anmut, für Putz, Schmuck, Wohlgerüche, Scherz, Spiel und Witz, für Zärtlichkeit, Zuneigung, Ehe, Liebe, Liebes- und Freundschaftsverhältnisse, Sinnlichkeit, wie überhaupt für das Geschlechtsleben und damit auch für die Schattenseiten desselben, für unreine, ausschweifende Begierde, unnatürliche Laster, Ehebruch, Schändung und Unzucht.

Ihre Schwingungen sind aber auch die Ursache der Menschenliebe, Kindesliebe, Treue und Keuschheit, Gattenliebe und Kindersegen.

Unter ihrem Einfluss stehen alle blühenden Gärten, Bergeshöhen und fruchtbares Ackerland.

Sie ist die Verursacherin der Empfängnis, macht zu Eifersucht geneigt, zu Festgelagen, Tänzen und Spielen aller Art. Auch das Zustandekommen hoher Verbindungen, ferner die Vermehrung des Vermögens unterliegt ihrer Beeinflussung. Die Venus ist die Bezeichnerin aller Weltfreuden, der Musik, des Gesanges, des Tanzes, ferner von Luxus und Verschwendung:

- Natur: weiblich, Nachtplanet, kalt und feucht.
- Würden: Domizile im Stier und in der Waage, Exile in Skorpion und Widder, Erhöhung in den Fischen, Fall in der Jungfrau, Triplizität in der Erde, insbesondere im Steinbock.
- Tag: Freitag (italienisch: venerdu).
- Physisch: Von den menschlichen Körperteilen unterstehen ihr die Wangen, die Gebärmutter, die Nieren, weibliche Genitalien, Brüste, Lenden, das Blut, die Säfte, der Samen, Eileiter und Eierstöcke, Geruchssinn, das venöse Blut, die Venen, das Gewebswasser, das gesamte Drüsensystem, die weiblichen Keimzellen, Brustdrüsen, die Prostata, Leber, Kehle, Nasenmuschel, die Haut, die Muskulatur und die äußeren Geschlechtsorgane, die sex. Erregung, Ausübung des Beischlafes, die Lippen, welche in Wechselwirkung mit dem Geschlechtsorganen stehen, und das Fließen des Vaginalsaftes.
- Farben: helle Farben, wie himmelblau, leuchtend grün sowie hellgrün, rosa, weiß, hellblau.
- Signifikator für: Die der Venus unterstehenden Berufsarten sind: Maler, Dichter, Schauspieler, Sänger, Musiker, Tapezierer und Dekorateure, Artisten, Schneider, Parfümeure, Graveure,

Kupferstecher, Holz- und Steinschneider, Schmuck- und Spielsachenerzeuger, Leinen-, Seiden-, Kleiderhändler, Modistinnen, alle Berufe, die in Ornamenten und Verzierungen arbeiten, alle Kunsthandwerke, Vergolder, Köche, weibliche Gewerbe und Beschäftigungen u. ä., aber auch Dirnen, Kuppler und andere unsolide Erwerbsarten; Liebe und Partnerschaft, soziale Kontakte, Genuss, Schönheit, Kunst, Schmuck, junge Frauen, Künstler, Musiker, Juweliere, Köche, Gärten und alle Orte, die mit Schönheit zu tun haben.

- Rosen, Lilien unter den Pflanzen; die Dattel, Feige und alle wohlriechenden Blumen.
- Metalle: Kupfer.
- Alle sanfteren Haustiere wie die Ziege, Schafe, ferner die Taube, das Huhn, Fasanen, Rebhühner, Schmetterlinge und Bienen.
- Ebenso unter den Edelsteinen der hellblaue Saphir, Achat, dann Perlen, Korallen, alle glänzenden Gegenstände, Spiegel usw.
- Beziehungen: Wachstum lebhaft; Form farbig, lachend, schön, Geruch süß, betäubend; Geschmack wohlschmeckend, parfümiert.

Das Venus-Runen-Symbol

Venus ist der Planet, der die Liebe und die mit ihr in innerer Verbindung stehenden seelischen Eigenschaften symbolisiert. Die Beziehungen der Geschlechter, aber auch das ganze gesellige und gesellschaftliche Zusammenleben der Menschen steht unter ihrem Einfluss. Ebenso jede Form des Mitgefühls und Wohlwollens. Sie repräsentiert das „Ewig-Weibliche" auf unserer Erde, das Liebesprinzip, das die Mission hat, die Menschen von der Selbstsucht zu erlösen, indem es sie von der Vereinzelung zur Gesellung führt, deren niederste (und in der Vollendung gleichzeitig: höchste) Stufe die Zweisamkeit darstellt. Alles, was auf

Harmonie und Ausgleich zielt, geht auf ihren Einfluss zurück. Kunst, Musik, Dichtung stehen unter ihrem Schutze. Sie ist mehr empfangend als handelnd.

In der Hand verteilt sich ihre Wirksamkeit auf mehrere Symbolgruppen: Venusberg, Herzlinie und Venusgürtel, der sprechende Ausdruck für die Bedeutung und den Umfang ihres Bereiches. Jede dieser Untergruppen stellt eine andere Auswirkungsweise der Venuskraft dar. Der Venusberg wesentlich die sinnliche, leidenschaftliche Liebe, die Herzlinie wesentlich die des Gemütes, und der Venusgürtel wesentlich die absonderliche und perverse Form.

Während Jupiter der große Wohltäter ist, wird Venus als die kleine Wohltäterin betrachtet, weil sie Gegensätze in Harmonie vereinen kann. Sie ist Friedensstifterin und fördert die Zusammenarbeit unter Partnern, Freunden und Kollegen. Sie kann entzücken, bezaubern und verführen. Auf der Kehrseite der schönen Venus-Medaille finden wir Eitelkeit, Genusssucht, Prostitution usw.

Franz Bardon berichtet uns: *„Die Venus-Sphäre hat eine liebestrunkene Schwingung, die jeden Sphärenmagier in einen glückseligen Zustand, der mit einer Liebesekstase zu vergleichen ist, versetzt ...Beeinflusst als Planet die Fruchtbarkeit im Pflanzen- und Tierreich. Der Venussphäre fallen wiederum die Sympathie, Liebe und Befruchtung des Menschen zu.“*

Günstige Beeinflussung.

Mars und Venus wirken beide sehr stark in der Astralsphäre, und bei reinen magischen Anrufungen fördern sie sehr das Gelingen, wiederum besonders bei sexualmagischen Praktiken. Gut aspektiert gibt die Venus und ihre Planetenstunde künstlerische und schöpferische Impulse.

Die Venusstunde ist günstig für Liebe, Freundschaft, Gesellschaft, Kunst aller Art, Verlobung, Spiel, Musik, Malerei, Tanz, Theater, Vergnügen, Luxus, Schmuck, Kleidung (siehe oben) und kann vorteilhaft in allen diesen Angelegenheiten benutzt werden.

Die Stunde der Venus ist besonders günstig für alle Angelegenheiten mit dem anderen Geschlecht. Man heirate zu dieser Stunde oder knüpfe Liebesverhältnisse an, feiere Verlobungen, schließe Freundschaften.

Die Venusstunde ist sehr günstig für das Üben im Singen, Reden, Musizieren, Tanzen usw., auch soll man solchen Unterricht nur in dieser Stunde beginnen.

Man suche zu dieser Stunde die Freundschaft von Frauen, und man wird Gutes von ihnen erhalten. Besonders bei sozial höherstehenden Frauen bewerbe man sich zu dieser Stunde um Förderung, Gunst und Protektion. Für alle Künstler ist es vorteilhaft, ein neues Kunstwerk zur Venusstunde zu beginnen. Zu solcher Stunde soll man auch mit Künstlern verkehren.

In der Venusstunde soll man baden, sich neu kleiden oder schmücken. Neue Kleider, Schmuck und Zierat kaufe oder verkaufe man nur zur Venusstunde.

Man dinge häusliche Angestellte zur Venusstunde oder lasse sie ihren Dienst beginnen.

Zur Venusstunde ist es gut, kleine Reisen anzutreten, Besuche zu machen, seine Wohnung zu schmücken, mit Schneidern, Putzmachern und dergleichen zu verkehren, auch mit Blumenhändlern und Dekorateuren. Der Beischlaf zur Venusstunde führt meist zur Empfängnis.

Zur Venusstunde soll man Dokumente unterzeichnen, die sich auf Liebe, Ehe und Freundschaft beziehen und solche Briefe schreiben.

In der Venusstunde sind überhaupt alle Handlungen angezeigt, die mit Zeitvertreib, Spiel, Luxus, Weltfreude, Vergnügen, Liebe und Freundschaft in Verbindung stehen.

Ungünstige Beeinflussung.

Man soll zur Venusstunde kein Schiff besteigen und auch keine Seereise antreten. Durch schlechte Aspekte vom Saturn-, Mars- oder Jupiterstunde wird die Venus in ihrer sonst günstigen Wirksamkeit sehr beeinträchtigt.

Zur Venusstunde sei man vorsichtig mit seinem Gelde, denn in dieser Stunde neigt der Mensch zur Verschwendung oder er kommt durch das andere Geschlecht um sein Geld. In der Landwirtschaft bringt die Beschäftigung mit wohlriechenden Blumen Vorteile.

In der Venusstunde soll man nichts gegen Nierenleiden unternehmen. Krankheiten, die in der Venusstunde beginnen, sind selten bösartig und todbringend, sie werden in den meisten Fällen von nicht allzulanger Dauer sein. Meist sind diese Krankheiten durch das Geschlechtsleben, durch Unmäßigkeit oder Ausschweifungen verursacht.

Mars:

Mars ist die Ebene der Magie, das bewusste Anwenden okkulter und gedanklicher Kräfte und diese werden durch die Mysterienspiele zur Schau gestellt. Die Begeisterung gab ihnen dazu die nötige Kraft, das Gewissen leitete sie. Der römische Gott Mars wird dem griechischen Gott Ares gleichgesetzt. Er ist der Kriegsgott, der Kämpfer. Zu Beginn eines Krieges sammelten sich die Soldaten in Rom beim Tempel des Mars Gradivus (= der das Heer im Kampf anführt). Als Vater von Romulus und Remus wurde Mars als der Stammvater der Römer verehrt. Ihm wurde der nach ihm benannte Monat März (lateinisch: martius) geweiht. Die Marsbeeinflussung wird im Allgemeinen als der menschlichen Natur feindlich angenommen. Er ist der Urheber allen Streites, aller Zornes- und Gewalttaten und des Krieges. Die Astrologie nennt ihn das „kleine Unglück". Er bringt den Menschen meist einen grausamen, schmerzlichen oder gewaltsamen Tod. Sein Einfluss ist besonders dem weiblichen Geschlecht feindlich und ungünstig.

Der Planet Mars hat an sich keine rein magische Tendenz. Er ist aber der stärkste Willens- und Energie-Planet und kann deshalb zu allen magischen Experimenten mit herangezogen werden, zumal bei sexual-magischen Praktiken, da er astrologisch die gesamte Sexual- und Triebsphäre des Menschen, besonders beim Mannwesen, beherrscht.

Der Mars ist das Prinzip der Heftigkeit, Kühnheit, Verwegenheit, Tapferkeit, Hinterlist, Grausamkeit, Verleumdung, Wildheit und Lüge, Raub, Mord, Abenteuer, Tyrannei, Kriegswesen, rücksichtsloses Heldentum und Rohheit. Ihm entsprechen Waffen, Feuer und Blut.

Der Mars verursacht die Kriege, Revolutionen, Menschenmorde, Gliederverluste, Verwundungen durch Eisen oder Feuer, Entführung, Gefangenschaft, Raub, Schändungen und Entehrungen, tollkühne Handlungen, Schädigungen durch Blitz, Feuer, Wind oder Erdbeben, Einsturz und sonstige gewaltsame Elementarereignisse und Unglücksfälle. Auch ist sein ungünstiger Einfluss die Ursache der Fehlgeburten. Er wirkt im Allgemeinen auflösend und zerstörend. Im März tritt die Sonne ins Zeichen Widder, eines der Marsdomizile.

- Natur: männlich, Nachtplanet, warm und trocken.
- Würden: Domizile in Widder und Skorpion, Exile in Waage und Stier, Erhöhung im Steinbock, Fall im Krebs, Triplizität im Wasser, insbesondere in den Fischen.
- Tag: Dienstag (italienisch: martedi, französisch: mardi).
- Physisch: männliche Geschlechtsorgane, das linke Ohr, Fieber,

Wunden und Entzündungen, das Blut, insbesondere das arterielle, die Körperwärme, Energie, forcierte Ausscheidung aller Fremdstoffe, das Abspritzen des Samens, der männliche Trieb, das Wachsen des Bartes, der Haare, der Nägel, die Augen, den Schlund, die Galle, und die willkürlichen Muskeln.

- Farbe: rot, rotgelbe und alle feurigen Farben der roten Farbenskala.
- Signifikator für: Ihm unterstehen alle Fabriken, Maschinen, Kasernen, Schlachthäuser, alle industriellen Gegenden, Schmelz- und Hüttenwerke, Gießereien u. ä. Der Mars beeinflusst von Berufsarten hauptsächlich Leute, welche mit Waffen, Eisen oder Feuer zu tun haben, wie Soldaten, Feldherren, Werkleute, Waffenschmiede, Schmiede überhaupt, Feuerarbeiter, Metallgießer, Chemiker, Wundärzte, Chirurgen, Drogisten, Friseure, Eisenarbeiter, Schlächter, Messerschmiede, Köche, Maschinisten, Eisenhändler, wie überhaupt Personen, die mit spitzigen, schneidenden Instrumenten zu tun haben. Er beeinflusst aber auch Abenteurer, Räuber, grausame Fürsten, Gottlose, Übeltäter, Mörder, Brandstifter; Krieg, Polemik (zusammen mit Merkur), alle Aktivitäten, die Initiative und Mut erfordern, scharfe Gegenstände, Operationen, Technik, junge (starke, mutige) Männer usw., Metzger, Chirurgen, Friseure, Waffenlager.
- Disteln, Kakteen, Dornensträucher, alle Gewürzpflanzen, der Rettich, die Kresse, sowie alle Pflanzen mit scharfem, ätzendem Saft;
- von Mineralien das Eisen und der Magnetstein;
- von Edelsteinen der Rubin, Jaspis und die Hämatiten.
- Von Tieren unterstehen seinem besonderen Einfluss alle reißenden Tiere, der Löwe, der Wolf, der Tiger, die Katze, der Fuchs, aber auch das Pferd und das Maultier, dann alle giftigen Kriechtiere und Schlangen, der Skorpion, die Maus und die Ratte, die Spinnen, alle stechenden Insekten, der Habicht und der Geier.
- Beziehungen: Wachstum verschieden; Form stachelig, borstig; Geruch scharf, durchdringend; Geschmack prickelnd, scharf, bitter.

Mars ist der männliche Antipode der – exquisit weiblichen – Venus. Er wohnt ihr nicht umsonst auch in der Hand gerade gegenüber. In gewisser Art ist er ihre Ergänzung, stellt er doch dem mehr passiven Venuscharakter den durchaus aktiven Marscharakter entgegen und zur Seite. Mars ist die

Spiegelung der positiven Zeugungskraft, der Begierde und des triebhaften Verlangens. Er ist das männliche Element, das sich dem weiblichen einen muss, um zur Schaffung des Dritten zu gelangen. Alle Eigenschaften, die seelisch dieser Bestimmung dienen, sind durch Mars verkörpert: Mut, Wille, Energie, Ehrgeiz und Tapferkeit, unter Umständen ihre Zuspitzung als Rücksichtslosigkeit und Brutalität, Mars ist daher auch die Verkörperung des Krieges. Wenn Mars nicht beherrscht, in zweckvolle Bahnen gelenkt wird, so ist er ein gefährlicher Schädling für jeden, dessen Hand ihn voll Stärke zeigt. Er bedeutet daher auch Gegnerschaft, Feinde, Widerwärtigkeiten aller Art.

Das runisches Mars-Symbol.

Es hat seinen tiefen Sinn, dass die Lebenslinie in der Hand die Grenze zwischen Venus und Marsgebiet bildet. Sie ist das Symbol der dauernden Vermählung beider Kräfte, wodurch das Leben allein in Gang gehalten wird. Und wehe, wenn diese Vermählung auch nur einen Augenblick aussetzt, – der Tod oder doch schwerste Lebensgefahr muss die unausbleibliche Folge sein.

Mars ist die reine Energie. Er begünstigt Angelegenheiten, die Mut und Initiative erfordern. Aber weil er gewalttätig und aggressiv sein kann, Unfälle, Verletzungen usw. verursacht, wird er in der klassischen Astrologie als der kleine Übeltäter betrachtet. (Der große Übeltäter ist Saturn.) Bardon sagt in seinem 2. Werk: *„Dass die Marssphäre in ihrer Auswirkung überwiegend das Marsprinzip verfolgt, dürfte dem Astrologiekundigen ja bekannt sein, denn unter den Einfluss der Marssphäre fallen z. B. leidenschaftliche Liebe, Erotik, übermenschliche Kräfte, Kriege usw. Informationshalber bemerke ich noch, dass in der Sonnen- und in der Marssphäre die negativen Intelligenzen die gefährlichsten sind, die es in unserer kosmischen Rangordnung überhaupt gibt. Zu ihrem*

Wirkungsbereich gehören: Mord, Totschlag, Raub, Brände, Vernichtung usw. ...Diesem unterliegt die Beeinflussung aller Kräfte in allen drei Reichen. Als Planet wirkt er sich durch den Selbsterhaltungstrieb sowohl im Tierreich als auch beim Menschen am meisten aus. Im Menschen selbst weckt die Marssphäre den Impuls und den Hang zum Leben. Sie wirkt auf seinen Charakter, seine Eigenschaften, auf alle seine Kräfte und Fähigkeiten."

Günstige Beeinflussung.

Zu den Marsstunden kaufe oder verkaufe man Waffen, alles, was zum Kriege oder zur Verteidigung gehört, ferner alle spitzigen, schneidenden Instrumente und alles, was mit Eisen oder Feuer zusammenhängt oder eine hellrote Farbe hat. Man wird Vorteil dabei haben. In diesen Stunden verkehre man mit Militärpersonen oder solchen, die mit Eisen, Maschinen, Feuer, Eisenbahnen oder Waffen zu tun haben, aber auch mit Schlächtern usw. Chirurgen haben zur Marsstunde die glücklichste Hand.

Man kann seine Planetenstunde benutzen zum Beginne von allen Angelegenheiten, die starke Energie-Impulse erfordern, Kraft und Willensstärke. Aber auch dann ist auf eine gute Planetenstunden zu achten. Krankheiten, die in seiner Stunde beginnen, verlaufen schnell und akut und können oft durch eigene Impulsivität und Willensstärke überwunden werden. Sie nehmen niemals chronische Tendenz an wie beim Saturn. Die Marsstunde ist immer günstig für Sport, Liebe, Vergnügungen aller Art.

Zur Marsstunde setze man erstmalig Maschinen in Gang, heize neue Ofen, brenne man Feuerwerke ab, setze Beleuchtungsanlagen instand, bringe Hüttenwerke und Gießereien in Betrieb usw.

Ungünstige Beeinflussung.

Die Stunde des Mars ist für alle anderen als die oben erwähnten und angedeuteten Berufsarten sehr ungünstig. Sie bringt Gefahren durch Unglücksfälle, Angriffe, Verleumdungen. Schlecht aspektiert bringt er Streit, Zwist, Unglücksfälle, Verletzungen, besonders durch Eisen, Feuer oder Waffen; ist auch oft Todesplanet für Gewalttaten und deren Folgen.

Mord, Sexualverbrechen, Jähzorn, Brutalität, gehören zu seiner Sphäre.

Man beginne nie einen Prozess zur Marsstunde, denn man würde dann einen scharfen, rücksichtslosen und ränkevollen Gegner finden.

117

Zur Marsstunde soll man keine Arzneien einnehmen, keinen Beischlaf ausüben und keine Heirat eingehen, keine Verlobung feiern und überhaupt kein Liebes- oder Freundschaftsverhältnis anknüpfen.

Man darf zur Marsstunde auch keine Reise antreten, keine Übersiedlung vornehmen, da man sonst Unfälle, Streit und Diebstahl erleben würde. Besonders Seereisen müssen zur Marsstunde vermieden werden.

Die Marsstunden gehen selten ohne Zwietracht, Streit oder Zank vorüber. Daher soll man zu solcher Zeit sehr vorsichtig im Verkehr mit anderen Menschen sein und es vermeiden, sie zu reizen. Man suche keine neue Anstellung zur Marsstunde noch trete man dieselbe zu solcher Zeit an.

Die Marsstunden bergen die größten Gefahren und zeitigen die meisten Unfälle, Explosionen, Brände usw. Man lasse daher die Marsstunden möglichst ruhig und tatenlos vorübergehen und beginne auf keinen Fall neue Unternehmungen. Nur Personen, die infolge ihrer Berufsart dem Mars zugehören, können in den Marsstunden bei allen bereits erwähnten, dem Mars unterstehenden Angelegenheiten erfolgreiche Wirkungen erzielen.

Negative Krankheitsfälle, die zur Marsstunde beginnen oder hervorbrechen, sind meist heftiger und hitziger Art, gehen vielfach mit Tod aus oder verlaufen sehr bösartig. Zur Marsstunde vermeide man besonders, die Heilung von Leberleiden zu beginnen.

Venus und Mars:

Dort, wo Venus ihre Domizile hat, hat Mars seine Exile und umgekehrt. Wie in den beiden vorigen Planetengruppen, so handelt es sich auch hier um polare Planeten, die einander bekämpfen können, sich aber im Grunde ergänzen sollen. Venus ist weiblich, Mars ist männlich: Es geht ja hier auch um den Umgang zwischen den beiden Geschlechtern. Venus steht für die Erotik, Mars für die Sexualität. Die wirkliche Erfüllung kommt erst, wenn beide sich verbinden. Mars bedeutet Streit, Trennung und Dualität, die von Venus, der Friedensstifterin, zur Einheit gebracht wird.

*

Es wird nun abschließend nochmals darauf hingewiesen, dass bei einer Inanspruchnahme der Planetenstunden, sei es zu materiellen Dingen oder zur Magie, stets eine genaue Kombination erfolgen muss mit den planetarischen Tageseinflüssen. Erst dann kann man sich eine gewisse Gewähr dafür schaffen, dass der betreffende Influxus der Gestirnstunden harmonisch und auch fördernd ausgenutzt werden kann. Dazu sind nun außerdem noch die Schwingungen der Tattwa heranzuziehen, über die Franz Bardon in den „Fragen an den Meister Arion" eingehend berichtet hat. Erst dann bekommt man die richtige tragbare Basis für die Arbeiten in magisch-kabbalistischer Hinsicht, sowie für die Ausgestaltung seines Lebens.

*

Der Leser wird diesen Ausführungen wohl nicht gleich Glauben, Vertrauen und Verständnis entgegenbringen können. Deshalb bedarf es noch einiger Erklärungen: Alles strahlt, und alle Dinge sind Empfangsstationen für die ausstrahlenden Energien. Infolge gleicher oder verwandter Schwingungs-verhältnisse sind gewisse Dinge empfänglicher für eine bestimmte strahlende Energie, sie werden also infolgedessen hervorragend davon beeinflusst. So ist es erklärlich, dass z. B. die Strahlungsenergie des Saturn die Knochen und die Zähne mehr beeinflusst als das Gehirn, weil Knochen und Zähne viel empfänglicher für die saturnischen Emanationen sind als z. B. das Gehirn, das seinerseits wieder eine verwandte Empfangsstation für die Strahlungsenergien des Merkur ist. So verhält es sich auch mit Tieren, Pflanzen, Mineralien usw. Die Eigenart der Tiere, Pflanzen sowie aller bestehenden stofflichen Dinge steht in beständiger Wechselbeziehung zu gleichartigen Strahlungsenergien der Gestirne. Davon weiß die offizielle Wissenschaft bis heute allerdings noch wenig; aber ihre Forschungen sind bereits am besten Wege – allerdings gegen den Willen verschiedener Gelehrter mit rein materialistischer Auffassung, diese Wahrheit zu erweisen. Vorläufig soll es uns aber genügen, dass mehrtausendjährige unausgesetzte Erfahrungen die Richtigkeit dieser Verhältnisse bestätigen. Und was noch mehr für sie als eine unumstößliche Tatsache spricht, ist der Umstand, dass jedermann imstande ist, Nachprüfungen anzustellen, die immer das gleiche bestätigende Resultat ergeben werden. Am wichtigsten ist für uns die weitere Tatsache, dass diese Beeinflussungen sich nicht nur auf das grobmaterielle Wesen des Menschen allein beziehen, sondern auch auf sein geistiges, moralisches (seelisches) und körperliches Leben. Man kann sich z. B. leicht davon überzeugen, dass man zur Saturnstunde stets ernster gestimmt ist, dagegen zur Venusstunde heiterer und fröhlicher, dass man zur Jupiterstunde empfänglicher ist für hohe Dinge und friedfertiger, während man zur Marsstunde sich erregt und gereizt fühlt, ferner zur Merkurstunde intellektuell angeregt wird usw. So werden durch die astralen Ströme auch Stimmungen, Wünsche und Gedanken in uns erregt. Diese kristallisieren sich zu Handlungen und Geschehnissen, und so ist es verständlich, dass auch unser Berufsleben bzw. die Neigung zu einem bestimmten Beruf sowie auch die Wahl desselben durch astrale Einflüsse beeinflusst wird, je nachdem der Mensch eine offene Empfangsstation für eine bestimmte astrale Fernwirkung darstellt. Es lässt sich nun auch begreifen, dass jede Handlung unseres Lebens in Verbindung steht mit astralen Fernwirkungen, ja dass wir zu jeder Sekunde denselben ausgesetzt sind, also von ihnen ständig beeindruckt werden. Die Strahlungsenergien sämtlicher Gestirne treffen uns fortwährend, aber eine derselben wird in einem gegebenen Augenblick dominieren, und zwar jene, welche mit uns eine gleiche Schwingungsrate besitzt. Sich diesem Einfluss willenlos zu überlassen, kann für uns ebenso gut sein, als es uns auch schädigen kann, je nach der Natur dieses Einflusses. Den Schlüssel haben wir in der Hand, und zwar in unserer Willenskraft. Wir haben es nur nötig, uns mittelst derselben allen Einflüssen, die für uns günstige Wirkungen auslösen, zu öffnen, und uns allen Einflüssen, die uns schädigen können, hermetisch zu verschließen!

Der Leser wird wohl einsehen, dass es den Rahmen dieses Buches weit überschreiten würde, wollten wir bezüglich der vielen Berufsarten, Lebensmöglichkeiten und tausendfachen Angelegenheiten der Menschen auch nur halbwegs gerecht werden. Unsere Ausführungen mussten begrenzt sein, aber es ist für jedermann leicht, für alle Verhältnisse des Lebens die richtige astrale Beeinflussung zu erkennen, wenn er mit Aufmerksamkeit die Prinzipien und die Natur der astralen Stromwirkungen, so wie sie in diesem Kapitel niedergelegt wurden, studiert und sich geistig zu eigen macht. Die eigene Intuition wird ihn dann weiter führen.

Oft auch wird unser Innenleben oder irgendeine Handlung durch zwei Gestirne gleichwertig beeinflusst. In diesem Falle handelt es sich um zwei Himmelskörper mit verwandter Strahlungsenergie, so z. B. beim Mond und dem Merkur, die beide die Bewegung repräsentieren und den Intellekt beeinflussen. Bei der Wahl der Stunde ist zu entscheiden, ob die Natur des einen oder des anderen Himmelskörpers besser unseren Zwecken entspricht. Ein Irrtum wird hier nicht gefährlich sein.

Bei der Wahl der Stunde zur Heilung einer Krankheit aber muss man von einem anderen Grundsatz ausgehen. Hier gilt es nicht, dass Gleiches durch Gleiches aufgehoben wird. Man kann z. B. nicht eine Gehirnkrankheit in einer Mond- oder Merkurstunde heilen wollen bzw. die Heilung einleiten, da diese Erkrankung ja durch den Mond oder Merkur verursacht wurde. Wollte man es dennoch versuchen, würde man eine Verschlimmerung des

Leidens erzielen. Man halte sich hierbei an folgende Regeln: Die Erkrankungen, verursacht durch die radioaktiven Einflüsse der Sonne, des Mars und der Venus, heile man in der Jupiterstunde; des Mondes, des Saturns, des Merkurs in der Sonnenstunde, und des Jupiters in der Merkurstunde.

11. Die runischen Planetenquadrate:

Magisches Quadrat nennt man ein Quadrat, das schachbrettartig in Felder eingeteilt ist, in die die natürlichen Zahlen oder auch die Glieder einer beliebigen arithmetischen Progression eingetragen sind, aber so, dass die Horizontal-, Vertikal- und Diagonalreihen gleiche Summen geben. Die Zahl der Felder an jeder Seite heißt die Seitenzahl oder Wurzel des Quadrats, wonach man magische Quadrate mit gerader oder ungerader Seitenzahl unterscheidet. Ihr Ursprung liegt im Altertum; ihre Benennung haben sie von dem Gebrauche, den man von ihnen als Talismanen machte.

In dieser Hinsicht gelten die ersten sieben magischen Quadrate von den Seitenzahlen 3, 4, 5, 6, 7, 8, 9, mit den ersten 9, 16, 25, 36, 49, 64, 81 natürlichen Zahlen besetzt, für besonders wichtig, man nennt sie Planetensiegel (Sigilla: Saturni, Jovis, Martis, Solis, Mercurii, Lunae). An Stelle der Ziffern wurden auch häufig die den Ziffern entsprechenden (meist hebräische) Schriftzeichen gesetzt, woraus sich dann theurgische Namen der den Planeten zugeschriebenen Intelligenzen ergaben. Wir haben hier die runischen Entsprechungen angeführt, das sie das wesentliche besser darstellen. Denn durch die Sprache – Runen – wird das Rufen der Götter besser angezeigt. So war das Weltbild unserer Vorfahren also kein dingliches, sondern ein wesentliches, ein hohes geistiges Weltbild und entsprechend diesem geistigen Weltbild wurde auch in Wort-Schrift be-zeichn-et und in Wort-Runen-Form angegeben, welche wesenhaften Kräfte hier zum Ausdruck kamen. In Ein-Klang mit den Wort-Runen waren in dem gesprochenen Wort alle Wellen- und Spannungskräfte (wir würden heute sagen) kosmoenergetischer bzw. elektromagnetischer Art, die der Eigenschaft des Wesen entsprechen, vorhanden. Die Ziffer (Buchstaben usw.) der Magischen Quadrate können auf verschiedene Art geordnet werden; die vom Altertum überlieferten Planetensiegel sind folgende:

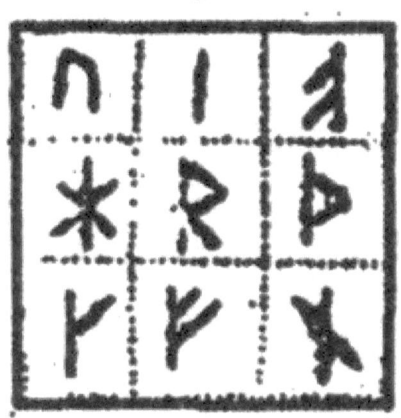

Saturn

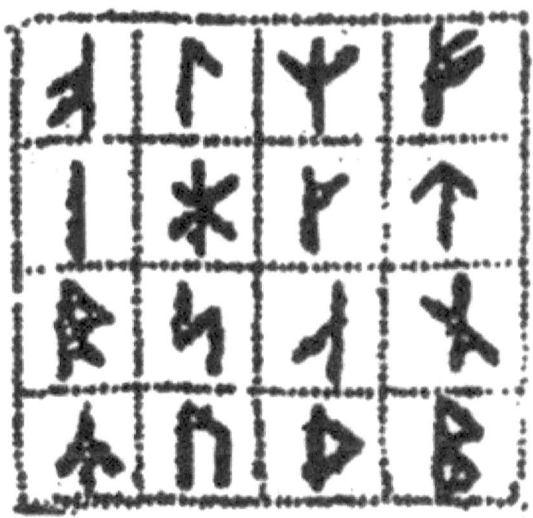

Jupiter

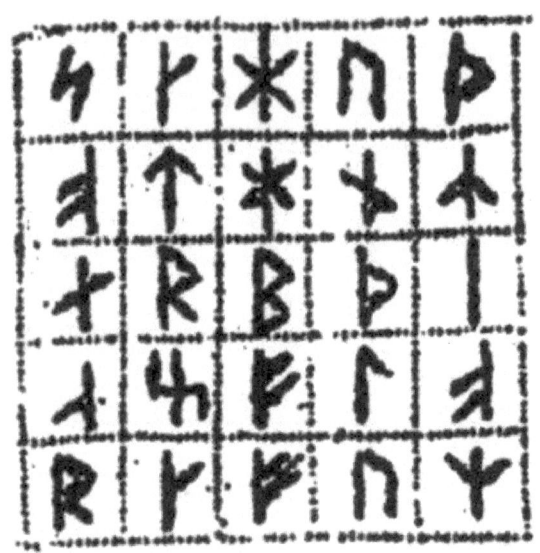

Mars

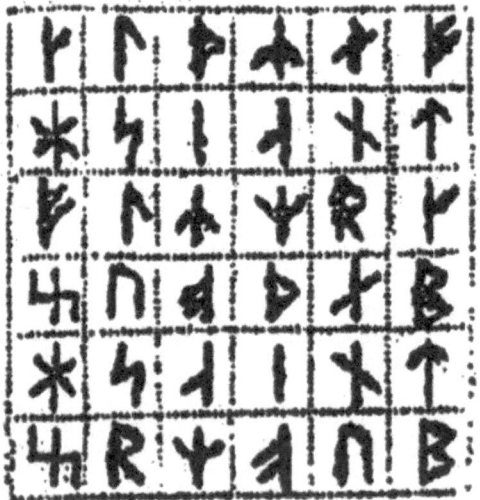

Sonne

124

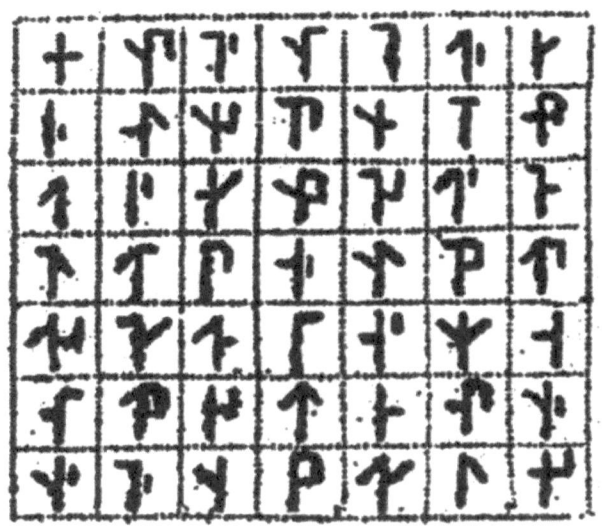

Venus

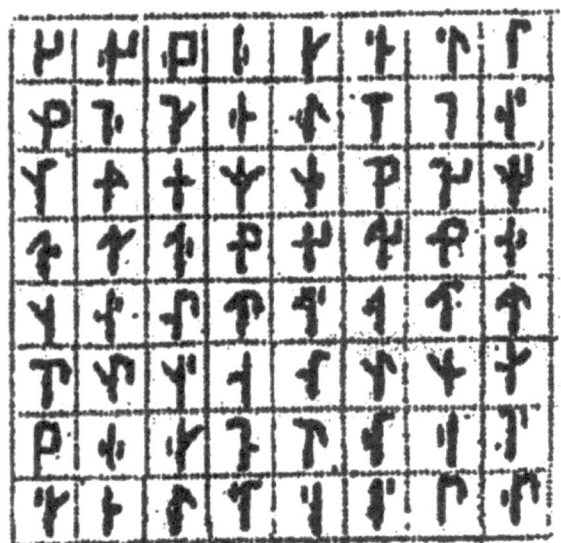

Merkur

Mond

Die Schule des Pythagoras soll von nachstehenden Zahlen behauptet haben, dass sich alles in der Natur aus ihnen ableiten lasse. Diese Zahlen sind folgende: Kabbalistische Zuteilung.

Saturn: 3. 9. 15. 45.
Jupiter: 4. 16. 34. 136.
Mars: 5. 25. 65. 325.
Sonne: 6. 36. 111. 666.
Venus: 7. 49. 175. 1225
Merkur: 8. 64. 260. 2080.
Mond: 9. 81. 369. 3321.

Man erkennt, dass diese Pythagoräische Zahlentafel sich auf die sieben Planetensiegel bezieht. Die Ziffern der 1. Vertikalreihe enthalten die Seitenzahlen der mit bezeichneten Planetensiegel. Die Ziffern in der 2. Vertikalreihe geben die natürlichen Zahlen, bzw. die Felder, der betreffenden Planetensiegel an. Die Ziffern der 3. Vertikalreihe sind die

126

Summen der Horizontal-, Vertikal- und Diagonalreihen der betreffenden Planetensiegel. Und die Ziffern in der 4. Vertikalreihe vorstehender Tafel zeigen die Summen aller Zahlen der mit bezeichneten Planetensiegel an.

Man wird sich fragen, was Planetenquadrate mit Astrologie zu tun haben. Den Zusammenhang zwischen Runen und Astrologie beantwortet uns Dr. Georg Lomer in seinem Aufsatz „Was ist's um die Runen", indem er die Tatsache aufstellt, dass es mehrere Deutungssyteme der Runen gibt. „Ich setze jetzt zunächst die Runenreihe hierher, indem ich den Buchstabenwert darüber, den astrologischen Wert darunter setze. Die meistbekannte Runenreihe umfasst 18 Zeichen, wobei darauf hingewiesen sei, dass auch die Bhagavad Gita, das indische „Hohelied der Unsterblichkeit", 18 Gesänge umfasst; beides ist vielleicht kein Zufall, sondern hat tiefere Bedeutung."

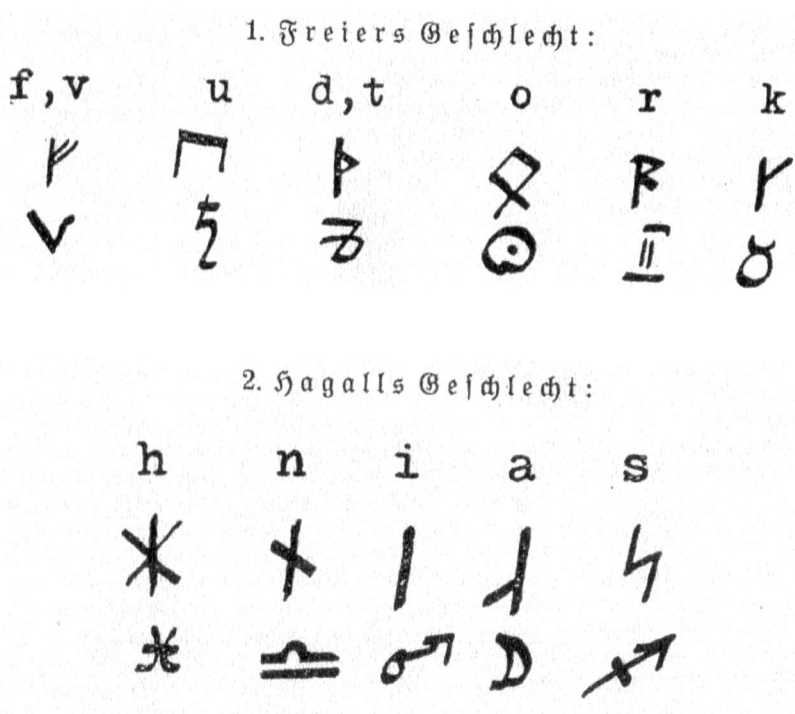

1. Freiers Geschlecht:

2. Hagalls Geschlecht:

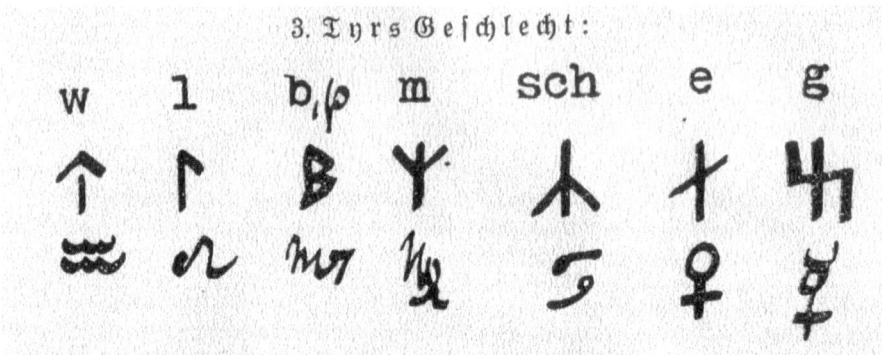

3. Tyrs Geschlecht:

w   l   b,p   m   sch   e   g

„Im einzelnen sei hierzu folgendes bemerkt: Nimmt man diese Zuteilung als richtig an – und es wird sich herausstellen, dass dem so ist –, so erklären sich manche Zusammenhänge von selbst. Die Kun-Rune, gleichbedeutend mit dem k-Laut, stellt sich als abgekürzte Form der E-Rune heraus; dabei ist hervorzuheben, dass Venus, als dem e-Laut zugehörig, im Stier, der kosmischen Entsprechung der Kun-Rune, Herrscherin ist. Beide, Tierkreiszeichen wie Wandlerin, enthalten verwandte Kräfte, die sich in der verwandten Runenform folgerichtig spiegeln. Ähnlich verhält es sich mit der Ar-Rune und der Yr-Rune, welch letztere dem sch-Laut entspricht. Ist a für den Mond einzusetzen, so begreift es sich leicht, dass die Yr-Rune als Entsprechung des „Krebses", also des „Hauses des Mondes", eine Verbreiterung, Ausschmückung, Vervollständigung der Ar-Rune sein muss, wie es auch der Fall ist. Solche Zusammenhänge gibt es noch mehr. Wer sucht der findet. – Das Jupitersymbol fehlt hier; es ist im Schützen enthalten, dessen Zeichen sehr gut als vereinfachte Jupiterrune gelten kann. Übrigens kann es technisch sehr gut durch die Saturnrune, mit draufgesetztem Venuszeichen ausgedrückt werden. Ist Jupiter doch ein venushaft gewordener Saturn.

Dass die Hagall-Rune als regelrechte Allrune, d. h. das All umhegende Rune anzusprechen ist, versteht sich fast von selbst. Die uralte Hochschätzung der Allraunwurzel hängt damit zusammen. Aus ihr lassen sich sämtliche anderen Runen entwickeln und ableiten. Bei der Tyr-Rune denke man an die große Ähnlichkeit mit dem Uranussymbol. Die G-Rune lässt sich sehr gut als Teilstück eines Merkurstabes auffassen, womit die sinnvolle innere Beziehung ohne Weiteres gegeben ist.

128

Besonders hinweisen möchte ich auf den kabbalistischen Begriff der „drei Mütter". Sie werden in der Kabbala (vgl. das dritte Werk „Der Schlüssel zur wahren Quabbalah" von Franz Bardon) in den Buchstaben Aleph, Mem und Schin gesehen. „Ein großes verborgenes, verhülltes und mit sechs Siegeln verschlossenes Geheimnis", sagt das Buch Jezirah (Das Buch von der Weltformung) davon im dritten Kapitel. Nun enthält die Kabbala, wie wir wissen, uralte, arische Geheimüberlieferungen, die zum Teil entstellt und verdorben wurden. Das ergibt sich schon aus dem Weiteren. Aleph wird nämlich mir dem Element Luft, Mem mit dem Element Wasser und Schin mit dem Element Feuer in Verbindung gebracht. Will man aber schon von Müttern sprechen, so darf doch gewiss das Element Erde nicht fehlen. Die Vermutung liegt nahe, dass der wirkliche Zusammenhang ursprünglich anders gefasst war und von den jüdischen Kabbalisten missverstanden wurde. Und nun etwas Merkwürdiges: Greifen wir nämlich auf die Runen zurück, und zwar auf die Runen in ihrer von uns gegebenen Entsprechung, so finden wir mit Leichtigkeit drei „Mütter", die uns astrologisch eingestellten Menschen wohlbekannt sind. A (Aleph) entspricht dem Monde, M (Mem) der Jungfrau und Sch (Schin) dem Krebs, also dem Hause des Mondes. Das ergibt sich ganz zwanglos, und es lässt sich, wenn man will, noch manches darüber sagen . . ."

Somit erkennt man den geistigem Zusammenhang der Form durch die Signatur und kann dadurch von der äußeren Erscheinungsform auf innere Ideen schließen.

12. Die Vorsteher:

Die Erdgürtelorte:

Der Erdzonengürtel teilt sich in 360 Gürtelorte, die der Studierende niemals mit den 12 Zonenorten verwechseln darf. Zwar treten diese Gürtelorte besonders in der universellen Quabbalistik hervor, jedoch ist es gut, bei der Schicksalsberechnung den Gürtelort näher und eingehender zu betrachten, in welchem sich der aufsteigende Grad der Genitur (Geburtshoroskop) befindet. Er ist günstig oder ungünstig, fördernd oder hemmend, positiv oder negativ, harmonisch oder disharmonisch wirkend, dreht er sich unablässig im Rhythmus. Daneben kommen auch die von Planeten besetzten Gürtelorte mit in Betracht, welche Wirkung dadurch auf das Schicksal der Genitur ausstrahlen, resp. übermitteln lassen. Zum besseren Verständnis muss ein Stück philosophische Betrachtung eingeschoben werden:

Der Mensch ist, seinem geistigen Ursprung nach ein Teil der Weltseele, oder deutlicher gesagt, ein Funken der unsichtbaren Energie, der durch seine sichtbare Umhüllung zum Glühen, zum sichtbarem Leben gebracht wurde. Diese unsichtbare Energie, der der Geborne angehört, bildet seinen Lebenskraftstrom, in den er nach dem irdischen Ableben zurückkehrt. Diese (irdisch wirkenden) Energien, deren Symbole eben die beiden Lichter (Sonne und Mond) und die 5 Planeten darstellen, stammen aus höheren, feineren, jedoch umso stärkeren Ur-Energien ab, welche den sieben Gottheitsteilen oder Götter unterstehen. Auch diese Gottheitsteile bilden zusammen die große Gottheit, Ur-Leben, Urfeuer oder Ur-Sein, dessen Wirken als Unendlichkeit das Schicksal ist.

Die beiden Lichter dokumentieren das männliche und weibliche Prinzip, die 5 Planeten jedoch die 5 Ewigkeiten (Elemente), das überirdische Zeitalter des Weltbestehens. Zugleich weisen aber auch die beiden Lichter auf die unsichtbare und auf die sichtbare Welt zur gleichen Zeit, im gleichen Raume bestehend hin. Wie auch die 5 Planeten auf die 5 Ewigkeitsbeherrscher (Götter) hinzeigen: Merkur, Venus, Mars, Jupiter, Saturn.

Das Schicksal wirkt durch die Energien (Ströme), welche durch die Hüter und Wächter derselben geleitet und zur Auswirkung gebracht werden. Somit wirken nicht alle vorhandenen Zonen und Zonenorte, sondern hauptsächlich diejenigen, in denen sich die Wächter befinden

(Planetenstandorte). Die Lichter und die Planeten ziehen ihre Bahn. Dadurch weisen sie dem Kundigen die Art der Wirkung der strömenden Energie an und lassen Schlüsse auf das Wollen des Schicksals zu. Deshalb ist immer und immer wieder das Leben zu betrachten, die Art der Auswirkung der unsichtbaren Kräfte, um Erfahrungswissen zu sammeln. Um so leichter gestalten sich dann die ungünstigen Zeiten. Kein Erdenleben ist völlig frei von Widerwärtigkeiten und Schicksalsschlägen und kein Mensch kann behaupten, dass er vollkommen sei.

Haben wir die Genitur eines Menschen zu berechnen, so lautet die erste Frage: Wo gehört dieser hin? Welchen magischen Strom gehört er an? Welche Stärke ist vorherrschend? Welche Eigenschaften, welches Naturell besitzt er? In welcher Energiezone stand die Erde zur Zeit der Geburt? Wo stand die Sonne, wo der Mond, ist er eine Tag- oder Nachtgeburt? Welche Tore (Zonenorte) waren geöffnet? Das Verhältnis der Wächter zueinander? Sie wechseln sich ab bei jeder Geburt und jedem Tod. Bei der Geburt tritt der Mensch mit dem sich aufgespeicherten Strom in das Erdenleben. Zuerst ist er sich seiner Kräfte nicht bewusst und reagiert daher nicht oder nur in geringfügigem Maße auf die unsichtbare Strömung der Energien, bis zweimal **sieben** Lebensjahre verflossen sind. Dann beginnen sich die beiden Sammelzellen (Keimdrüsen) zu füllen und bei jedem die Strahlungsflächen (Geschlechtsorgane) zu reizen! Es setzt ein Belebung des körperlichen Naturells ein. Es ist dies die Zeit der Geschlechtsreife. In diesem Stadium öffnen sich die Saugflächen des Körpers und und der Gesamtorganismus wird für die äußeren (unsichtbaren) Einflüsse empfänglicher. Das Schicksal nimmt seinen Lauf. Doch haben wir zu beachten, dass im Moment der Geburt auch die anderen Wächter, außer dem sieben Lebensregenten, ihre magischen Energien ausströmen lassen und somit der Geborene diesen Strahlungen unterliegt. Hierbei ist Harmonie und Disharmonie zu beachten, neben dem gegenseitigen Stärkeverhältnis. Was in der Geburtsstunde fördernd wirkte, wird dies für das ganze Erdenleben sein. Was aber sich in der Geburtsminute hemmend zeigte, bringt immer und immer nur Hemmungen hervor. Besonders in den Lebensjahren, wo diese Wächter die Zeit beherrschen, ist mit Hemmungen und Hindernissen kosmischer Art zu rechnen. Daraus entwickelt sich der nützliche Lebenskampf, die Wechselfälle des Schicksals in gesetzmäßiger Folge. Teilen wir das Erdenleben in den siebener Zyklus, welcher als die Vrilpunkte anzusehen sind, denn alle sieben Jahre erneuern sich die Ströme genauso wie die Haut des Körpers. Die irdische Lebensverlängerung hängt nicht von den Kräuterelexieren und Tränklein ab, sondern von der Befähigung, die unsichtbaren Kräfte umzuformen und als eigene Körperkräfte zu gestalten.

Wenn man also Aufschlüsse über das Geschehen in der Natur und das Wirken des Schicksals erhalten will, so muss man all sein Wollen, Denken, Fühlen und Handeln ganz der universellen Natur entsprechend umstellen. Man muss nicht glauben, was all die andern erzählen, sondern muss selbst suchen, forschen und prüfen, die Wahrheit und die Geheimnisse zu erkennen. Das System oder Gesetz der Natur ist einfach, wirkt aber intensiv, falls man sich Mühe gibt, es richtig zu ergründen und zu verstehen. Wir haben darüber Bücher geschrieben, mit denen man praktisch arbeiten kann. Lerne das naturgemäße Geschehen verstehen und beachte die Lebensabschnittsjahre, jedes siebte, nämlich 14., 21., 28., 35., 42., 49., usw., so wie es Dr. Lomer in seinen „Lehrbriefen" erwähnte! Denn wie heißt es: Wie oben, so unten und es lässt sich von dem Sichtbaren auf das Unsichtbare schließen und umgekehrt. Unser irdisches Leben ist stets die Fortsetzung des unsichtbaren Lebens in anderer Form. Da es in der Natur nur eine Vorwärtsbewegung geben sollte, und keinen Stillstand, Umkehr oder Rückwärtsbewegung, so kehren wir immer wieder auf Erden zurück, bis wir den nötigen Ausgleich von Oben und Unten erreicht haben. Darum ist das Obere genau so wie das Untere und sind stets Anzeichen und Merkmale vorhanden, die von dem einen auf das andere schließen lassen.

Deswegen schreib Franz Bardon in seiner „Evokation" zu den Erdgürtelvorstehern: *„Diese Vorsteher, die ich im nachfolgenden näher beschreibe halten in der Erdgürtelzone alles Walten und Wirken in steter Harmonie. Jeder Vorsteher ist eine hohe Intelligenz, ausgestattet mit allen Fähigkeiten, die ein jedes Wesen dieser Sphäre besitzt. So z. B. kann ein Magier von jedem Vorsteher sowohl Vergangenes, als auch Gegenwärtiges und ebenso Zukünftiges über unsere grobstoffliche Welt in Erfahrung bringen, und jeder Vorsteher kann durch das Akashaprinzip auch auf unserer Erde wirksam sein. Außerdem hat jeder Vorsteher spezifische Eigenschaften, d. h. dass er mit besonderen Aufgaben betraut ist. Der Magier muss nicht mit allen Vorstehern der Erdgürtelzone in Kontakt kommen und braucht sich bei der Evokation jeweils nur für jene Intelligenz zu entscheiden, die ihm für seine Zwecke maßgebend erscheint. Bei Beschwörungen von Wesen aus der Erdgürtelzone kann sich der Magier die Arbeiten einigermaßen dadurch vereinfachen, indem er bei der ersten Anrufung die quabbalistische Astrologie in Anwendung bringt. Vom*

Sonnenaufgang angefangen herrscht nämlich alle vier Minuten ein anderer Vorsteher. Die ersten vier Minuten sind vom Sonnenaufgang jenem Vorsteher vorbehalten, der auf unsere Erde den größten Einfluss ausübt. Die nachfolgenden vier Minuten herrscht der zweite Vorsteher, dem dritten Vorsteher gelten weitere vier Minuten usw. In der jedem Vorsteher zustehenden Zeitspanne von vier Minuten ist er am leichtesten anrufbar, da ihn ein innigerer Kontakt mit unserer grobstofflichen Welt verbindet. Ein erfahrener Magier braucht sich natürlich nicht an die quabbalistische Anrufungszeit zu halten, da er in der Lage ist, jederzeit ein jedes Wesen jeglicher Zone und Sphäre anzurufen."

Folglich kann jeder Hermetiker sich die Zeit des Sonnenaufgangs bei seiner Geburt in seinem Geburtsort im Internet feststellen und die diesbezüglichen Eigenschaften seines Erdgürtelvorstehers für körperliche Zwecke ergründen. Die negativen Züge bzw. seinen körperlichen Schwächen oder irdischen Schwierigkeiten ist das Gegenteile von dem positiven Hüter, dessen Eigenschaften er nur umzudrehen braucht. Dies ist eine einfache mathematische Rechnung im astrologischen Sinne!

Die 28 Mond-Vorsteher:

Zum astro-magischen Horoskop gehören auf jeden Fall die Vorsteher aus der Evokation von Franz Bardon. Oben erwähnten wir schon die Berechnung der Erdgürtelvorsteher. Hier gehen wir einen Schritt weiter. Die 28 Mondstationen kommen nur für den in Frage, der nachts geboren wurde. Die 28 Mondhäuser und ihre analogen Genien entsprechen den 28 Tagen, die der Mond für einen vollen Umlauf um die Erde benötigt (von Neumond bis Neumond). Der Neumond selbst ist absolut negierend, zerstörend. Bei Vollmond ist das Menschengehirn aufgefüllt und der Mensch ist dann voller Gedanken und im Vollbesitz seiner Sinne. Bei Neumond ist das Gehirn leer und gedankenarm, sodass der Mensch auch in seiner Sinneskraft geschwächt ist. Die positiven Eigenschaften schreibt Bardon in seinem zweiten Werk. Die negativen sind das Gegenteil davon.

Die 45 Sonnenvorsteher:

Für die Taggeborenen zählen die Sonnenvorsteher und ihre abstrakten Eigenschaften im positiven wie im negativen Sinne. Die folgende Tabelle von Ariane gibt die Zeiten bekannt, an welchen Tagen welcher Vorsteher

Genius: Tage:

1.	21.3.	5.5.	21.6.	7.8.	22.9.	6.11.	21.12.	4.2
2.	22.3.	6.5.	22-23.6.	8.8.	23.9.	7.11.	22.12.	5.2.
3.	23.3.	7.5.	24.6.	9.8.	24.9.	8.11.	23.12.	6.2.
4.	24.3.	8.5.	25.6.	10.8.	25.9.	9.11.	24.12.	7.2.
5.	25.3.	9.5.	26.6.	11.8.	26.9.	10.11.	25.12.	8.2.
6.	26.3.	10.5.	27.6.	12.8.	27.9.	11.11.	26.12.	9.2.
7.	27.3.	11.5.	28.6.	13.8.	28.9.	12.11.	27.12.	10.2.
8.	28.3.	12.5.	29.6.	14.8.	29.9.	13.11.	28.12.	11.2.
9.	29.3.	13.5.	30.6.	15.8.	30.9.	14.11.	29.12.	12.2.
10.	30.3	14.5	1.7	16.8	1.10	15.11	30.12	13.2.
11.	31.3	15.5	2.7	17.8	2.10	16.11	31.12	14.2
12.	1.4	16.5	3.7	18.8	3.10	17.11	1.1	15.2
13.	2.4	17.5	4.7	19.8	4.10	18.11	2.1	16.2
14.	3.4	18.5	5.7	20.8	5.10	19.11	3.1	17.2
15.	4.4	19.5	6.7	21.8	6.10	20.11	4.1	18.2
16.	5.4	20.5	7.7	22.8	7.10	21.11	5.1	19.2
17.	6.4	21-22.5	8.7	23.8	8.10	22.11	6.1	20.2
18.	7.4	23.5	9.7	24.8	9.10	23.11	7.1	21.2
19.	8.4	24.5	10.7	25.8	10.10	24.11	8.1	22.2
20.	9.4	25.5	11.7	26.8	11.10	25.11	9.1	23.2
21.	10.4	26.5	12.7	27.8	12.10	26.11	10.1	24.2
22.	11.4	27.5	13.7	28.8	13.10	27.11	11.1	25.2
23.	12.4	28.5	14.7	29.8	14.10	28.11	12.1	26.2
24.	13.4	29.5	15.7	30-31.8	15.10	29.11	13.1	27.2
25.	14.4	30-31.5	16.7	1.9	16.10	30.11	14.1	28.2
26.	15.5	1.6	17.7	2.9	17.10	1.12	15.1	1.3
27.	16.4	2.6	18.7	3.9	18.10	2.12	16.1	2.3
28.	17.4	3.6	19.7	4.9	19.10	3.12	17.1	3.3
29.	18.4	4.6	20.7	5.9	20.10	4.12	18.1	4.3
30.	19.4	5.6	21.7	6.9	21.10	5.12	19.1	5.3
31.	20.4	6.6	22.7	7.9	22.10	6.12	20.1	6.3
32.	21.4	7.6	23.7	8.9	23.10	7.12	21.1	7.3
33.	22.4	8.6	24.7	9.9	24.10	8.12	22.1	8.3
34.	23.4	9.6	25.7	10.9	25.10	9.12	23.1	9.3
35	24.4	10.6	26.7	11.9	26.10	10.12	24.1	10.3
36.	25.4	11.6	27.7	12.9	27.10	11.12	25.1	11.3
37.	26.4	12.6	28.7	13.9	28.10	12.12	26.1	12.3
38.	27.4	13.6	29.7	14.9	29.10	13.12	27.1	13.3
39.	28.4	14.6	30-31.7	15.9	30.10	14.12	28.1	14.3

40.	29.4	15.6	1.8	16.9	31.10	15.12	29.1	15.3
41.	30.4	16.6	2.8	17.9	1.11	16.12	30.1	16.3
42.	1.5	17.6	3.8	18.9	2.11	17.12	31.1	17.3
43.	2.5	18.6	4.8	19.9	3.11	18.12	1.2	18.3
44.	3.5	19.6	5.8	20.9	4.11	19.12	2.2	19.3
45.	4.5	20.6	6.8	21.9	5.11	20.12	3.2	20.3

regiert. Der 26. Vorsteher gilt auch für das Schaltjahr 29.3

Die Merkur-Vorsteher:

Man sollte um noch mehr Informationen zu erhalten, die unten stehenden Angaben mit denen aus Bardons „Evokation" Abschnitt Merkur ergänzen. Sie bestimmen die Mentalität des Menschen und daraus folgt auch das Schicksal. Jedoch zuvor die Geburtsliste der zuständigen Merkur-Genien.
Bei manch einem kann es vorkommen, dass er mehrere Gegengenien hat, die seine Mentalitat mitbestimmen. Das hängt ganz von der Macht des eigenen Geburtsgenius ab. Alles muss ausgeglichen sein:

Genien: Die Tage:

1.	21. 3.	3. 6.	17. 8.	29. 10.	9. 1.
2.	22. 3	4. 6.	18. 8.	30. 10.	10. 1.
3.	23. 3.	5. 6.	19. 8.	31. 10.	11. 1.
4.	24. 3.	6. 6.	20. 8.	1. 11.	12. 1.
5.	25. 3.	7. 6.	21. 8.	2. 11.	13. 1.
6.	26. 3.	8. 6.	22. 8.	3. 11.	14. 1.
7.	27. 3.	9. 6.	23. 8.	4. 11.	15. 1.
8.	28. 3.	10. 6.	24. 8.	5. 11.	16. 1.
9.	29. 3.	11. 6.	25. 8.	6. 11.	17. 1.
10.	30. 3.	12. 6.	26. 8.	7. 11.	18. 1.
11.	31. 3.	13. 6.	27. 8.	8. 11.	19. 1.
12.	1. 4.	14. 6.	28. 8.	9. 11.	20. 1.
13.	2. 4.	15. 6.	29. 8.	10. 11.	21. 1.
14.	3. 4.	16. 6.	30. 8.	11. 11.	22. 1.
14.	…	…	31. 8.	…	…
15.	4. 4.	17. 6.	1. 9.	12. 11.	23. 1.
16.	5. 4.	18. 6.	2. 9.	13. 11.	24. 1.

17	6. 4.	19. 6.	3. 9.	14. 11.	25. 1.
18.	7. 4.	20. 6.	4. 9.	15. 11.	26. 1.
19.	8. 4.	21. 6.	5. 9.	16. 11.	27. 1.
19.	...	22. 6.	...	...	...
20.	9. 4.	23. 6.	6. 9.	17. 11.	28. 11.
21.	10. 4.	24. 6.	7. 9.	18. 11.	29. 1.
22.	11. 4.	25. 6.	8. 9.	19. 11.	30. 1.
23.	12. 4.	26. 6.	9. 9.	20. 11.	31. 1.
24.	13. 4.	27. 6.	10. 9.	21. 11.	1. 2.
25.	14. 4.	28. 6.	11. 9.	22. 11.	2. 2.
26.	15. 4.	29. 6.	12. 9.	23. 11.	3. 2.
27.	16. 4.	30. 6.	13. 9.	24. 11.	4. 2.
28.	17. 4.	1. 7.	14. 9.	25. 11.	5. 2.
29.	18. 4.	2. 7.	15. 9.	26. 11.	6. 2.
30.	19. 4.	3. 7.	16. 9.	27. 11.	7. 2.
31.	20. 4.	4. 7.	17. 9.	28. 11.	8. 2.
32.	21. 4.	5. 7.	18. 9.	29. 11.	9. 2.
33.	22. 4.	6. 7.	19. 9.	30. 11.	10. 2.
34.	23. 4.	7. 7.	20. 9.	1. 12.	11. 2.
35.	24. 4.	8. 7.	21. 9.	2. 12.	12. 2.
36.	25. 4.	9. 7.	22. 9.	3. 12.	13. 2.
37.	26. 4.	10. 7.	23. 9.	4. 12.	14. 2.
38.	27. 4.	11. 7.	24. 9.	5. 12.	15. 2.
39.	28. 4.	12. 7.	25. 9.	6. 12.	16. 2.
40.	29. 4.	13. 7.	26. 9.	7. 12.	17. 2.
41.	30. 4.	14. 7.	27. 9.	8. 12.	18. 2.
42.	1. 5.	15. 7.	28. 9.	9. 12.	19. 2.
43.	2. 5.	16. 7.	29. 9.	10. 12.	20. 2.
44.	3. 5.	17. 7.	30. 9.	11. 12.	21. 2.
45.	4. 5.	18. 7.	1. 10.	12. 12.	22. 2.
46.	5. 5.	19. 7.	2. 10.	13. 12.	23. 2.
47.	6. 5.	20. 7.	3. 10.	14. 12.	24. 2.
48.	7. 5.	21. 7.	4. 10.	15. 12.	25. 2.
49.	8. 5.	22. 7.	5. 10.	16. 12.	26. 2.
49.	...	23. 7.	...	...	...
50.	9. 5.	24. 7.	6. 10.	17. 12.	27. 2.
51.	10. 5.	25. 7.	7. 10.	18. 12.	28. 2.
52.	11. 5.	26. 7.	8. 19	19. 12.	29. 2.*

53.	12. 5.	27. 7.	9. 10.	20. 12.	1. 3.
54.	13. 5.	28. 7.	10. 10.	21. 12.	2. 3.
55.	14. 5.	29. 7.	11. 10.	22. 12.	3. 3.
56.	15. 5.	30. 7.	12. 10.	23. 12.	4. 3.
56.	...	31. 7.	...	...	...
57.	16. 5.	1. 8.	13. 10.	24. 12.	5. 3.
58.	17. 5	2. 8.	14. 10.	25. 12.	6. 3.
59.	18. 5.	3. 8.	15. 10.	26. 12.	7. 3.
60.	19. 5.	4. 8.	16. 10.	27. 12.	8. 3.
61.	20. 5.	5. 8.	17. 10.	28. 12.	9. 3.
61	21. 5.	...	...	...	...
62.	22. 5.	6. 8.	18. 10.	29. 12.	10. 3.
63.	23. 5.	7. 8.	19. 10.	30. 12.	11. 3.
64.	24. 5.	8. 8.	20. 10.	31. 12.	12. 3.
65.	25. 5.	9. 8.	21. 10.	1. 1.	13. 3.
66.	26. 5.	10. 8.	22. 10.	2. 1.	14. 3.
67.	27. 5.	11. 8.	23. 10.	3. 1.	15. 3
68.	28. 5.	12. 8.	24. 10.	4. 1.	16. 3.
69.	29. 5.	13. 8.	25. 10.	5. 1.	17. 3.
70.	30. 5.	14. 8.	26. 10.	6. 1.	18. 3.
70.	31. 5.	...	...	...	...
71.	1. 6.	15. 8.	27. 10.	7. 1.	19. 3.
72.	2. 6.	16. 8.	28. 10.	8. 1.	20. 3.

(* Schaltjahr)

1. Genius Vehuiah

Bewirkt: Durchdringenden Geist, großen Scharfsinn, Vorliebe für Wissenschaft und Künste, die Fähigkeit, sehr schwierige Dinge zu unternehmen und auszuführen.
Bes. Kennzeichen: Energie.
Gegengenius bewirkt: Lärmendes, ungestümes Wesen, Zorn.

2. Genius Jeliel

Bewirkt: Heiteres Gemüt, angenehmes Wesen, Vorliebe zum anderen

Geschlecht.
Gegengenius bewirkt: Alles, was belebten Wesen schädlich ist.

3. Genius Sitalel

Bewirkt: Wahrheitsliebe, Worthalten, Dienstfertigkeit.
Gegengenius bewirkt: Heuchelei, Undankbarkeit, Meineid.

4. Genius Elemiah

Bewirkt: Betriebsamkeit, Vorliebe für Reisen, Gluck in Unternehmungen.
Unter seiner Herrschaft stehen: Reisen, Expeditionen zur See.
Gegengenius bewirkt: Schlechte Erziehung, gefährliche Entdeckungen, Behinderung aller Unternehmungen.

5. Genius Mahasiah

Bewirkt: Leichtes Lernen, Vorliebe für ehrbare Vergnügungen.
Unter seiner Herrschaft stehen: Hohe Wissenschaften, okkulte Philosophie und Theologie, die freien Künste.
Gegengenius bewirkt: Unwissenheit, Ausschweifung, schlechte Eigenschaften des Geistes, (Seele) und des Körpers.

6. Genius Lelahel

Bewirkt: Liebe, Berühmtheit, Wissenschaft, Kunstfertigkeit und Glück.
Bes. Kennzeichen: Ehrgeiz, Berühmtheit.
Gegengenius bewirkt: Falschen Ehrgeiz, durch unerlaubte Mittel erworbenes Vermögen.

7. Genius Achaiah

Bewirkt: Lerneifer, Berühmtheit wegen Ausführung sehr schwieriger Arbeiten.
Gegengenius bewirkt: Hindernis der Erleuchtung.

8. Genius Kahetel

Bewirkt: Arbeitsliebe, Liebe zum Ackerbau, zur Jagd.
Unter seiner Herrschaft stehen: Landbau, Neigung sich im Gebet zu Gott zu erheben.
Gegengenius bewirkt: Alles was den Bodenerzeugnissen schädlich ist und Gotteslästerung.

9. Genius Aziel

Bewirkt: Barmherzigkeit Gottes, Freundschaft und Gunst der Großen, Ausführung eines gemachten Versprechens.
Unter seiner Herrschaft stehen: Vertrauen, Versöhnung.
Kennzeichen: Aufrichtigkeit in Versprechungen, leichtes Verzeihen.
Gegengenius bewirkt: Hass, Heuchelei.

10. Genius Aladiah

Bewirkt: Gnade für die, die verborgene Verbrechen begangen haben und sich vor Entdeckung fürchten.
Unter seiner Herrschaft stehen: Seuchen und Heilungen von
Krankheiten, gute Gesundheit, Gluck in Unternehmungen.
Gegengenius bewirkt: Schlechte Gesundheit, Widerwärtigkeiten.

11. Genius Lauviah

Bewirkt: Geistige Größe, Gelehrsamkeit, Berühmtheit durch persönliches Talent.
Unter seiner Herrschaft steht: Berühmtheit.
Gegengenius bewirkt: Stolz, Zorn, Verleumdung.

12. Genius Hahaiah

Bewirkt: Sanfte, ruhige Sitten
Unter seiner Herrschaft stehen: Träume, die den Sterblichen verborgene Geheimnisse offenbaren.
Gegengenius bewirkt: Zwischenträgerei, Luge und Vertrauensbruch.

13. Genius Jezalel

Bewirkt: Leichtes Lernen, grose Geschicklichkeit.
Unter seiner Herrschaft stehen: Freundschaft, Versöhnung, eheliche Treue.
Gegengenius bewirkt: Unwissenheit, Luge, Irrtum.

14. Genius Mebahel

Bewirkt: Neigung fur Jurisprudenz, Berühmtheit der Advokaten.
Unter seiner Herrschaft stehen: Gerechtigkeit, Wahrheit, Freiheit, befreit Bedruckte und beschützt Gefangene.
Gegengenius bewirkt: Verleumdung, falsches Zeugnis, Rechtshandel.

15. Genius Hariel

Bewirkt: Religiose Gefühle, Sittenreinheit.
Unter seiner Herrschaft stehen: Wissenschaft und Künste.
Gegengenius bewirkt: Schisma, Religionskriege, religiöse Sektiererei.

16. Genius Hakamiah

Bewirkt: Offenen, tapferen Charakter, Empfindlichkeit im Ehrenpunkt, Neigung zum anderen Geschlecht .
Unter seiner Herrschaft stehen: Gekrönte Herrscher, große Feldherrn, verleiht Sieg.
Gegengenius bewirkt: Verrat.

17. Genius Lanoiah

Bes. Kennzeichen: Liebe zur Musik, Poesie, Literatur und Philosophie.
Unter seiner Herrschaft stehen: Hohe Wissenschaft, wunderbare Entdeckungen, verleiht Offenbarungen im Traume.
Gegengenius bewirkt: Atheismus.

18. Genius Kaliel

Bes. Kennzeichen: Gerechtigkeit, Unbescholtenheit, Wurde, Wahrheitsliebe.

Gegengenius bewirkt: Anstößige Rechtshandel, niedrige Menschen.

19. Genius Leuviah

Bes. Kennzeichen: Liebenswürdigkeit, Bescheidenheit, Heiterkeit, ertragen von Widerwärtigkeiten mit Fassung.
Unter seiner Herrschaft stehen: Gedächtnis, Intelligenz des Menschen.
Gegengenius bewirkt: Verluste, Ausschweifung, Verzweiflung.

20. Genius Pahaliah

Bes. Kennzeichen: Innere Berufung für den geistlichen Stand.
Unter seiner Herrschaft stehen: Religion, Moral, Theologie, Keuschheit, Frömmigkeit.
Gegengenius bewirkt: Religionsfeinde, Abtrünnige, Ausschweifung.

21. Genius Nelekael

Bes. Kennzeichen: Liebe zur Musik, Poesie, Literatur und zum Studium.
Unter seiner Herrschaft stehen: Astronomie, Mathematik, Geographie und alle abstrakten Wissenschaften.
Gegengenius bewirkt: Unwissenheit, Irrtümer, Vorurteile.

22. Genius Jeiaiel

Bes. Kennzeichen: Neigung zu Handel und Industrie, freiheitliche Gesinnung.
Unter seiner Herrschaft stehen: Vermögen, Berühmtheit, Diplomatie, Handel, Reisen, Entdeckungen, Schutz gegen Unwetter und Schiffbruch.
Gegengenius bewirkt: Seeräuber, Sklaven.

23. Genius Melahel

Bewirkt: Kühnes Naturell.
Unter seiner Herrschaft stehen: Wasser, Bodenerzeugnisse, besondere Pflanzen, die für die Heilung notwendig sind.
Gegengenius bewirkt: Alles was der Vegetation schädlich ist, Seuchen, Krankheiten.

24. Genius Hahuiah

Bes. Kennzeichen: Wahrheitsliebe, Aufrichtigkeit in Reden und Handlungen, Neigung zu exakten Wissenschaften.
Bewirkt: Schutz gegen schädliche Tiere, gegen Diebe und Mörder.
Unter seiner Herrschaft stehen: Verbannte, flüchtige Gefangene, in Abwesenheit Verurteilte.
Gegengenius bewirkt: Hat schädliche Wesen unter seiner Herrschaft.

25. Genius Nith-Haiah

Bewirkt: Weisheit und Entdeckung der Wahrheit verborgener Geheimnisse.
Unter seiner Herrschaft stehen: Okkulte Wissenschaften, Offenbarungen in Träumen, besonders für die, welche an den Tagen geboren sind, die unter der Herrschaft des Genius stehen; er wirkt auf die, welche weise Magie ausüben.
Gegengenius bewirkt: Schwarze Magie.

26. Genius Haaiah

Bewirkt: Schützt die, welche nach Wahrheit streben, beeinflusst die Politik, die Diplomaten und geheime Unternehmungen.
Gegengenius bewirkt: Verräter, Verschwörer.

27. Genius Jerathel

Bewirkt: Friedensliebe, Gerechtigkeit, Liebe zur Wissenschaft und Kunst, Berühmtheit als Schriftsteller.
Unter seiner Herrschaft stehen: Verbreitung der Aufklärung, der Zivilisation.
Gegengenius bewirkt: Unwissenheit, Sklaverei, Unduldsamkeit.

28. Genius Seeiah

Bewirkt: Viel Urteilskraft.
Unter seiner Herrschaft stehen: Gesundheit und Schlichtheit.
Gegengenius bewirkt: Katastrophen, Schlaganfälle.

29. Genius Reiiel

Bewirkt: Kraft und Eifer, die Wahrheit zu verbreiten, eifriges Bemühen um Unglauben zu beseitigen.
Gegengenius bewirkt: Fanatismus, Heuchelei.

30. Genius Omael

Bewirkt: Berühmtheit in der Anatomie, Medizin.
Unter seiner Herrschaft stehen: Das Tierreich und die Zeugung, Chemiker, Ärzte, Chirurgen.
Gegengenius bewirkt: Ungeheuerliche Erscheinungen.

31. Genius Lekabel

Bewirkt: Liebe zur Astronomie, Mathematik und Geometrie.
Unter seiner Herrschaft stehen: Vegetation und Agrikultur.
Gegengenius bewirkt: Habsucht, Wucher.

32. Genius Vasariah

Bewirkt: Gutes Gedächtnis, Rednergabe.
Unter seiner Herrschaft stehen: Gerechtigkeit.
Gegengenius bewirkt: Schlechte Eigenschaften des Geistes, der Seele und des Körpers.

33. Genius Jehuiah

Bewirkt: Erkennen der Verräter.
Gegengenius bewirkt: Begünstigung von Aufruhr.

34. Genius Lehahiah

Bewirkt: Gegen Zorn.
Bes. Kennzeichen: Begabung, große Taten, vertrauensvolles, inbrünstiges Gebet.
Gegengenius bewirkt: Zwietracht, Krieg, Verrat.

35. Genius Kevakiah

Bewirkt: Liebt es mit aller Welt in Frieden zu leben und die Treue derer zu belohnen, die ihm treu dienen.
Unter seiner Herrschaft stehen: Testamente, Erbschaften, freundschaftliche Teilungen.
Gegengenius bewirkt: Schlechte Eigenschaften des Geistes, der Seele und des Körpers.

36. Genius Menadel

Bewirkt: Gegen Verleumdung und um Gefangene zu befreien.
Gegengenius bewirkt: Schützt die, die sich der Gerechtigkeit zu entziehen trachten.

37. Genius Aniel

Bewirkt: Große Gelehrsamkeit.
Unter seiner Herrschaft stehen: Wissenschaft und Künste, Offenbarungen der Naturgeheimnisse, Inspiration der Philosophen und Weisen.
Gegengenius bewirkt: Verkehrte Geistesrichtung, Marktschreier.

38. Genius Haamiah

Bewirkt: Gegen Waffen, wilde Tiere, abtrünnige (dämonische) Geister.
Unter seiner Herrschaft steht: Alles was sich auf Gott bezieht.
Gegengenius bewirkt: Luge.

39. Genius Rehael

Unter seiner Herrschaft stehen: Gesundheit und Langlebigkeit.
Bewirkt: Väterliche und kindliche Liebe.
Gegengenius bewirkt: Totes und verdammtes Land, er macht Kinder- und Verwandtenmörder.

40. Genius Ieiazel

Bewirkt: Befreiung von Gefangenen, Erlangung von Trost und Befreiung

von Feinden.
Unter seiner Herrschaft stehen: Druck und Buchhandel.
Kennzeichen: Gelehrte und Künstler.
Gegengenius: Wirkt auf Melancholische und Menschenscheue.

41. Genius Hahahel

Bewirkt: Gegen Frevler und Verleumder.
Unter seiner Herrschaft stehen: Religion.
Bes. Kennzeichen: Seelengröße, Energie, Aufopferung im Dienste Gottes.
Gegengenius bewirkt: Abtrünnige, Renegaten (Religionsabtrünniger)

42. Genius Mikael

Bewirkt: Beschäftigung mit Geschäften der Politik, diplomatische Begabung.
Gegengenius bewirkt: Verrätereien, falsche Nachrichten, Übelwollen.

43. Genius Veubiah

Bewirkt: Liebe zum Soldatenstand und Kriegsruhm.
Gegengenius bewirkt: Zwietracht unter den Fürsten.

44. Genius Ielahiah

Bewirkt: Zum Schutz bei Behörden, bei Prozessen, gegen Waffen, verleiht Sieg.
Kennzeichen: Liebt Reisen, um sich zu unterrichten, alle Unternehmungen gelingen, Auszeichnung durch militärische Talente und Tapferkeit, Berühmtheit.
Gegengenius bewirkt: Kriege.

45. Genius Sealiah

Bewirkt: Die Überführung und Demütigung von Bösewichten und Hoffartigen, die Erhebung Erniedrigter und Gefallener.
Unter seiner Herrschaft stehen: Vegetation.
Besondere Kennzeichen: Geschicklichkeit und Neigung sich zu

unterrichten.

Gegengenius bewirkt: Herrschaft über die Atmossphäre (=Rechthaberei und Streitsucht)

46. Genius Ariel

Bewirkt: Entdeckung verborgener Schätze, Enthüllung der größten Naturgeheimnisse, erblicken gewünschter Gegenstande im Traume.

Besondere Kennzeichen: Starker, feiner Geist, weise Ideen, erhabene Gedanken, Umsicht.

Gegengenius bewirkt: Geistige Verwirrung.

47. Genius Asaliah

Unter seiner Herrschaft stehen: Gerechtigkeit, das Erkennen der Wahrheit in Prozessen.

Besondere Kennzeichen: Angenehmer Charakter, der leidenschaftlich darauf ausgeht, Verborgenes zu entschleiern.

Gegengenius bewirkt: Streitigkeiten.

48. Genius Mihael

Unter seiner Herrschaft stehen: Die Zeugung.

Besondere Kennzeichen: Leidenschaftlich in der Liebe, Vergnügungssucht.

Bewirkt: Schutz für die, die seine Hilfe anrufen, gibt Ahnungen und Inspirationen der Zukunft betreffend.

Gegengenius bewirkt: Luxus, Unfruchtbarkeit, Unbeständigkeit.

49. Genius Vehuel

Unter seiner Herrschaft stehen: Literatur, Jurisprudenz, Diplomatie.

Besondere Kennzeichen: Empfindliches, edles Gemüt.

Bewirkt: Erhebung zu Gott, um ihn zu preisen und zu verherrlichen.

Gegengenius bewirkt: Egoismus, Hass, Heuchelei.

50. Genius Daniel

Unter seiner Herrschaft stehen: Gerechtigkeit und Advokaten, gibt

Zögernden die richten Entschlüsse ein.

Besondere Kennzeichen: Betriebsamkeit und energisch in Geschäften, Neigung zur Literatur und Rednergabe.

Gegengenius bewirkt: Industrieritter, Leute mit weitem Wissen.

51. Genius Hahasiah

Unter seiner Herrschaft stehen: Chemie und Physik, er offenbart die Geheimnisse der hermetischen Wissenschaft.

Bes. Kennzeichen: Neigung zur abstrakten Wissenschaft, aber auch dazu, Eigenschaften und Kräfte der Tiere, Pflanzen und Steine kennen zu lernen, Ruhm als Arzt.

Gegengenius bewirkt: Marktschreier, Scharlatane.

52. Genius Jamaiah

Unter seiner Herrschaft stehen: Reisen, Schutz der Gefangenen, die ihn um Hilfe anflehen, die er Mittel finden lasst, um ihre Freiheit zu erlangen.

Bes. Kennzeichen: Starkes, lebhaftes Temperament, Ertragen von Widerwärtigkeiten mit Geduld und Mut, Arbeitsliebe.

Gegengenius bewirkt: Stolz, Lästerung, Bosheit.

53. Genius Nanael

Unter seiner Herrschaft stehen: Die höheren Wissenschaften.

Bes. Kennzeichen: Melancholie, Neigung zu beschaulicher Ruhe, zur Meditation, Vorliebe für das abstrakte Wissen.

Gegengenius bewirkt: Unwissenheit.

54. Genius Nithael

Unter seiner Herrschaft stehen: Kaiser, Könige, Fürsten.

Bes. Kennzeichen: Berühmtheit als Schriftsteller und Redner, großes Ansehen unter den Gelehrten.

Gegengenius bewirkt: Sturz der Reiche, Monarchien.

55. Genius Mebaiah

Unter seiner Herrschaft stehen: Moral und Religion.
Bes. Kennzeichen: Durch Frömmigkeit und Wohltätigkeit ausgezeichnet.
Bewirkt: Wirkt um Trost zu schaffen und die, die Kinder haben wollen.
Gegengenius bewirkt: Feinde der Tugend.

56. Genius Poiel

Unter seiner Herrschaft stehen: Ansehen, Vermögen und Philosophie.
Bes. Kennzeichen: Allgemeine Wertschätzung infolge bescheidenem und angenehmen Auftreten .
Gegengenius bewirkt: Ehrgeiz und Stolz.

57. Genius Nemamiah

Unter seiner Herrschaft stehen: Feldherrn.
Bes. Kennzeichen: Liebe zum Kriegsstand, Energie, mutiges Ertragen von Strapazen.
Gegengenius bewirkt: Verrat.

58. Genius Jeialel

Bewirkt: Auf alles was aus Eisen ist und auf die, welche damit Handel treiben.
Bes. Kennzeichen: Tapfer, Aufrichtig, leidenschaftlich in der Liebe.
Gegengenius bewirkt: Zorn, Bosheit, Mord.

59. Genius Harahel

Unter seiner Herrschaft stehen: Schätze, Bankenwesen, Druckerei, Buchhandel.
Bes. Kennzeichen: Lernbegierig, Börsengeschäfte.
Gegengenius bewirkt: Betrügerischer Bankrott, finanziellen Ruin.

60. Genius Mizrael

Bes. Kennzeichen: Tugendhaftigkeit, Langlebigkeit.

Gegengenius bewirkt: Ungehorsamkeit, Widerwärtigkeit.

61. Genius Umabel

Bes. Kennzeichen: Neigung zu Reisen und ehrbaren Vergnügungen, empfindliches Gemüt.
Gegengenius bewirkt: Ausschweifungen, widernatürliches Laster.

62. Genius Jah-Hel

Unter seiner Herrschaft stehen: Philosophen, Erleuchtete.
Bes. Kennzeichen: Liebe zur Ruhe und Einsamkeit, Bescheidenheit, Tugendhaftigkeit.
Gegengenius bewirkt: Ärgernis, Schwelgerei, Unbeständigkeit, Ehescheidung.

63. Genius Anianuel

Unter seiner Herrschaft stehen: Handel, Bankwesen.
Bes. Kennzeichen: Erfinder, scharfer Verstand, rastlose Tätigkeit.
Bewirkt: Gegen Unfälle und heilt Krankheiten.
Gegengenius bewirkt: Wahnsinn, Verschwendungssucht.

64. Genius Mehiel

Unter seiner Herrschaft stehen: Gelehrte, Professoren, Redner
Bes. Kennzeichen: Literarische Berühmtheit.
Bewirkt: Schutz gegen Raserei, wilde Tiere.
Gegengenius bewirkt: Scheinbare Weise, Kritiker.

65. Genius Damabiah

Unter seiner Herrschaft stehen: Meere, Seen, Flüsse, Quellen und Seeleute.
Bes. Kennzeichen: Seemann, Anhäufung von beträchtlichem Reichtum.
Gegengenius bewirkt: Sturmwetter, Schiffbruch.

66. Genius Manakel

Unter seiner Herrschaft stehen: Vegetation, Wassertiere, Träume.
Bes. Kennzeichen: Milder Charakter.
Gegengenius bewirkt: Zwietracht, schlechte geistige, seelische und körperliche Eigenschaften.

67. Genius Eiaiel

Bes. Kennzeichen: Geistige Erleuchtung von Gott, Liebe zur Einsamkeit, wissenschaftliche Berühmtheit.
Bewirkt: Wirkt auf okkulte Wissenschaft, lässt diejenigen, die ihn anrufen, bei ihren Arbeiten die Wahrheit erkennen.
Gegengenius bewirkt: Irrtum, Vorurteile.

68. Genius Habuiah

Unter seiner Herrschaft stehen: Ackerbau und Fruchtbarkeit.
Bes. Kennzeichen: Liebe zum Landbau, Jagd, Gärtnerei und dergleichen.
Gegengenius bewirkt: Unfruchtbarkeit, Hungersnot, Pest, schädliche Insekten.

69. Genius Rochel

Bes. Kennzeichen: Berühmtheit als Advokat.
Gegengenius bewirkt: Recht, Testamente.

70. Genius Jabamiah

Unter seiner Herrschaft stehen: Zeugung und Naturphänomene.
Bes. Kennzeichen: Berühmtes Genie, eine der großen Leuchten der Philosophie.
Bewirkt: Schutz für die, die sich kräftigen wollen.
Gegengenius bewirkt: Atheismus.

71. Genius Haiel

Bes. Kennzeichen: Tapferkeit.

Bewirkt: Überführung von Bösewichten, Befreiung von denen, die uns unterdrücken wollen, der Genius schützt die, die ihre Zuflucht zu ihm nehmen, er wirkt auf alles Eiserne.

Gegengenius bewirkt: Zwietracht, Verrat, Verbrechen, Berühmtheit als Verbrecher.

72. Genius Mumiah

Bes. Kennzeichen: Heilkundiger, Doktor, Arzt.

Bewirkt: Schutz bei allen magischen Operationen und lasst alle Dinge gelingen, Gesundheit und langes Leben .

Gegengenius bewirkt: Verzweiflung, Selbstmord.

Anhang:
Die Analogien zwischen Runen und Astrologie:

Der Oſtpunkt des Achſenkreuzes fällt auf Kloſter Herrenalb. Dieſes war, wie bereits erwähnt, eine Weihſtätte des „jüngeren" Wotan, des zweiten Logos, des Sohnes. Die Geburt des Sohnes, des jungen ſich immer wieder erneuernden Sonnengottes, fällt aber in das Sternbild des Steinbocks.

Im Weſten des Ufgaues liegt die Xburg. X iſt die Rune ᛉ , Xr, Xbe, das Symbol des Weiblichen, des Waſſers und des Mondes. Das Haus des Mondes im Tyrkreis iſt aber der Krebs.

Durch folgende Zeichnung wird dies verdeutlicht:

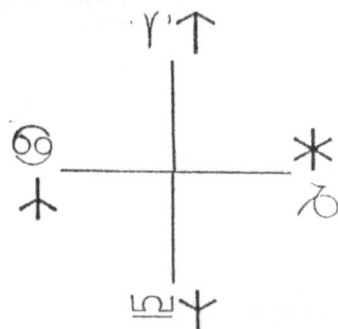

Aus dieſen vier entwickeln ſich die zwölf Armanenſchaften den Tyrkreiszeichen der Sternbilder entſprechend.

1. Himmelstrigon:

Spitze: Widder ♈ = Raſtatt (Mahlberg-Eichelberg).

Löwe ♌ = Selbach, Sonne, ⊕ im Wappen, auch das Zeichen des „Lebens" ✡

Schütze ♐ = Lautenbach = laf-tar, geſetzmäßiges Wirken, ebenſo Loffenau.

2. Waffertrigon:

Spitze: Krebs   ♋ = Rburg,   vergl. in Holland
                „het R", das Waffer.

Skorpion   ♏ = Hilpertsau.

Fifche   ♓ = Bifchweier, Zeichen ✡
                im Wappen, deckt fich mit
                ♓

3. Lufttrigon:

Spitze: Waage   ♎ = Wachtelbrunnen, Gerichts-
                ftätte am Grafenfprung und
                Klingel

Waffermann ♒ = Sulzbach, der Ort der Ur-
                ftänd, der „Urne", der To-
                desgöttin.

Zwillinge   ♊   Rotenfels, Stätte des Ge-
                richts.

4. Erdtrigon:

Spitze: Steinbock ♑ = Herrenalb

Stier   ♉   = Kuppenheim.

Jungfrau   ♍ = Lichtenthal, das Tal der
                lichten Fee Oftara, der
                Jungfrau Maria.

In diefen Orten faßen die zwölf Ratsmannen des Tyr-
bokergaues:

♈ 1. Bürgermeifter in Raftatt. Wappen eine
„Leiter". Hier faß der Leiter.

♉ 2. Sippenwahrer in Kuppenheim, im Wappen Z in fchwarz und ♈ , den Lebens- oder
Stammbaum. ♉ = Zeugung gebändigt.

153

♓ 3. R e c h t s w a h r e r in Rotenfels, Gerichtsfelsen,

♊ , der Ausgleich des Gegensatzes. Im Wappen einen „Rost", den Donnerbesen, das Zeichen der Rechtswaltung.

♋ 4. H e i l s w a l t e r auf der Yburg am Fremersberg, fyr-mar-berg, Berg des Fyr-Marschalls.

♌ 5. H e i l s w a h r e r in Selbach, am Fuße des Tyrbock, daneben in Staufenberg eine Niederlassung von Halgadomsmaiden, in Neuhaus ein Nornensitz, in der Antoniuskapelle eine Orakelstätte.

♍ 6. L a n d w a h r e r in Lichtenthal. Ostara, das Symbol der Fruchtbarkeit.

♎ 7. R e c h t s w a l t e r in Gernsbach, hier saßen die „Schenken" von Gernsbach, s'kem-ho = Kämpfer fürs Recht. Der Rechtswalter hatte auch den Heerbann. Dabei die Gerichtsstätte am Grafensprung und Wachtelbrunnen.

♏ 8. W e i s t u m s w a h r e r in Hilpertsau. Wappen weißes zum Rande durchlaufendes Kreuz in schwarz, swart mit kruzi, das verborgene Wissen vom höchsten Heil.

♐ 9. S c h a t z w a h r e r in Lautenbach-Loffenau, laf-tar = laf-nau. Wahrer des Familiengutes. Wappen die Spindel.

♑ 10. W e i s t u m s w a l t e r in Herrenalb, ar-al-ba, das „Ar" gebiert das „Al", auch ✳ = hag al = Heger des „Al". Das Geburtshaus des jungen Sonnengottes.

♒ 11. W e h r m a c h t s w a h r e r in Sulzbach, der Führer zur Wal, Wala die Totenfrau am Mauzenstein.

♓ 12. V o l k s w a h r e r in Bischweier, Wappen der Sechsstern.

Wir können unterscheiden:

    vier Kardinalhäuser

        ♈ = Bürgermeister

        ♋ = Heilswalter

        ♎ = Rechtswalter

        ♑ = Weistumswalter

    vier fixierte Häuser

        ♉ = Sippenwahrer

        ♌ = Heilswahrer

        ♏ = Weistumswahrer

        ♒ = Wehrmachtswahrer

    vier veränderliche Häuser

        ♊ = Rechtswahrer

        ♍ = Landwahrer

        ♐ = Schatzwahrer

        ♓ = Volkswahrer

Wichtig sind die Wappen der vier fixierten Häuser; denn es sind Gegenwappen:

Selbach hat das schwarze Sonnenrad in weiß ⊕

Zilpertsau hat weißes Kreuz in schwarz

Kuppenheim den senkrechten Sieghaken   Z

Sulzbach den wagerechten Sieghaken.   N

Wir können eine geistige und eine stoffliche Ausprägung der vier Axialpunkte feststellen, dazwischen liegt Gaggenau, ♃ Sein Wappen ist ⊖ = obere Sal, hier saß der „Dreizehnte", der Salmann oder Salmane, der

Gottesbote. Betrachten wir zuerst die geistige Ausprägung, deren Arenkreuz das folgende ist:

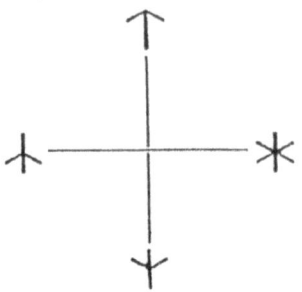

♈ Schultheiß

= geistige Lebenskraft, Antrieb

♉ Sippenwahrer

= Zeugung, bewußtes Schöpfen

♊ Rechtswahrer

= Ausgleich zur Vollendung durch Können und Wissen

♋ Heilswalter

= entschleierte Erkenntnis (Yburg)

♌ Heilswahrer

= Erleuchtung des Innern (Selbach ⊕)

♍ Landwahrer

= der Wille zur Gestaltung, zur Befruchtung

♎ Rechtswalter

= tiefstes Ergründen, höchstes Recht finden

♏ Weistumswahrer

= Wahrung der Lebensgesetze

♐ Schatzwahrer

= Lebenskraft, Todesdorn: Wahrung der Lebenskraft, gebändigte Triebkraft in der Ehe

🜨 Weistumswalter ✳

= Erkenntnis der „eingehegten Urſache"

des | ⊣⊢ Ⴑ

〰 Wehrmachtswahrer ᛒ

= Naturgeſchehen, (Bernſtein), Erziehung zum Sterbenkönnen

)(Volkswahrer ᛉ

= noth — Kauſalität. Betrachtung der
Geſetze des Naturgeſchehens und der
Lebenserfüllung

Die ſtoffliche Ausprägung iſt folgende:

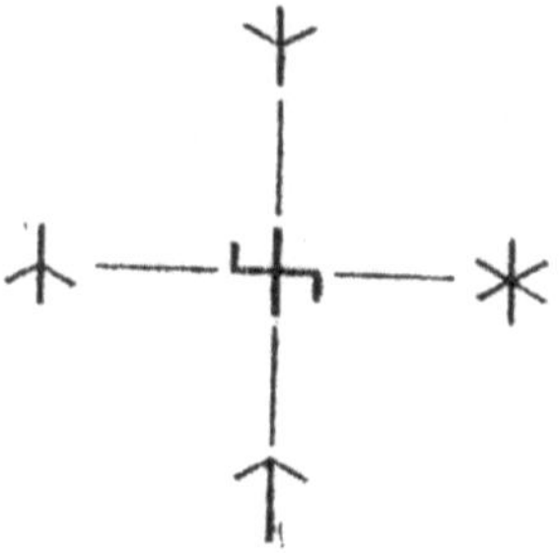

♈ Schultheiß ᛏ

= Michelbach, der Mann, der Verſtand

♉ Sippemwahrer ᚱ

= Kuppenheim, Kraft des Gebärens in
der Ehe, Pflege von Sippe und Sitte
(Umkehr = Armane, daher Armalein 
ᛉ im Wappen)

♊ Rechtswahrer ᚱ

= Rotenfels, Richter, rit = das Recht

♋ Heilswalter ᛉ

= Jburg, Geheimes Wiſſen (Weib)

157

δ≀ Heilswahrer ✝

= Neuhaus bei Selbach, Heilsrätin Be-
ratung und Hilfe im Leben (Not)

ℳ Landwahrer ⸂

= Lichtenthal, Tal der lichten Fee
Ostara, Fruchtbarkeit (Familie)

♎ Rechtswalter ↑

= Gernsbach (Giersbach) oberster
Richter und Kriegsherr (Schutz der
Ehe unter der Tyr-Rune.) Auf Tyr
deutet auch „Gier", vergl. der Fluß
Gara bei Erfurt in Thüringen. —
Gier — aba (Waffer des Gier) bei Er
—(Ziu)—furt in Tyr-ingen.

ℳ Weistumswahrer ✳

= Hilpertsau (Heger der Weistümer,
die die Motten und der Roft nicht
freffen)

♐ Schatzwahrer ⌐

= Lauterbach — Loffenau (Wahrer des
Familiengutes)

♑ Weistumswalter ⸊

= Dobel b. Herrenalb, Opferstein des
Wodan

♒ Wehrmachtswahrer ⸈

= Sulzbach, ⸘ der Blitz des Kriegs-
gottes, also Waffenherr (Schutz des
Volkes)

♓ Volkswahrer ᛒ

= Bischweier (Volksgedeihen und Vermehrung).

Der Ort Bischweier wird auch von Mosbronn vertreten. Der Name bedeutet: Quell des aus dem Dunkel kommenden Waffers, deckt sich also mit Bischweier, außerdem aber: Offenbarung des Dunkels durch die Rede: Mimirs
Born. Der Lage nach fügt sich Mosbronn beffer in den

Kreis ein, es hängt damit zusammen, daß die Gegend ein Gebirge ist, wo man sich bei Anlage der Orte nach der Natur richten muß.

Die obige Reihe ausgedeutet ergibt folgende Weisheits-lehre: „Mannes-Recht und Weibes-Ehre wirkt als Familie im Schutze der Ehe. In ihrem Schoße finden geistige, stoff-liche und sittliche Güter Hegung, Wahrung und Erhaltung durch Lehre und Erziehung. Das ist der rechte Schutz des Volkes zu wahrem Gedeihen wirklicher Lebensgüter."

Beginnen wir aber mit der g e i s t i g e n Z w ö l f h e i t in folgender Reihe zu arbeiten:

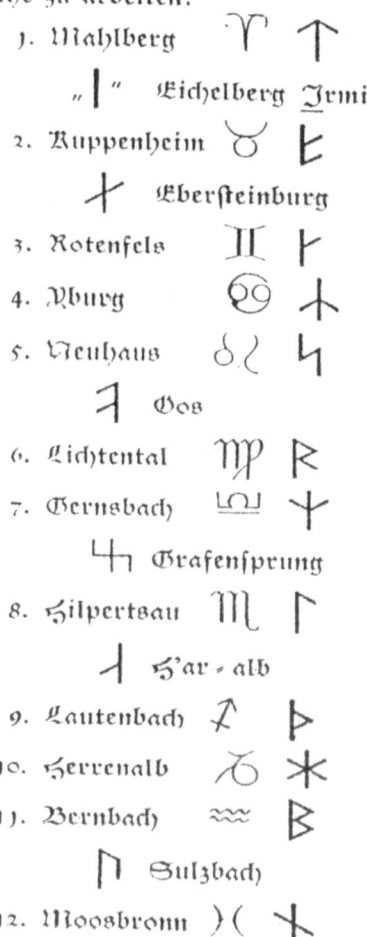

1. Mahlberg

„ | " Eichelberg Irmin

2. Kuppenheim

Ebersteinburg

3. Rotenfels

4. Yburg

5. Neuhaus

Gos

6. Lichtental

7. Gernsbach

Grafensprung

8. Hilpertsau

Har-alb

9. Lautenbach

10. Herrenalb

11. Bernbach

Sulzbach

12. Moosbronn

159

so können wir diese Zwölfheit zur 18 ergänzen. Wir haben
oben die vier Elemente bezeichnet mit:

e = Feuer = Merkur = Selbach
o = Wasser = Klingel = Wachtelbrunnen
a = Luft = Teufelsmühle = Loffenau
u = Erde = Bernstein = Sulzbach.

Genau nach der Karte liegen u, der Bernstein, zwischen
Sulzbach und Moosbronn, a, die Teufelsmühle, zwischen
Zilpertsau und Lautenbach/Loffenau, o, der Klingel, zwi-
schen Gernsbach und Zilpertsau und e, der Merkur, zwischen
Lichtental und Selbach.

„|" kommt an die Spitze; denn vor dem Mahlberg liegt

der Eichelberg, Ei — h' el = „|", das „Ich" verhehlt, (der

Eichelberg hat heute noch eine Irminful!) Die Rune ⌐⌐,

die 18. fällt dem „|" gerade gegenüber, auf den „Grafen-
sprung" am Wachtelbrunnen, = kar-af-sa-pyr-ing = die ein-
geschlossene Macht der Urzeugung, aus dem Lebenslicht
stammend. Das ist das ⌐⌐, an dessen Stelle ⌐⌐ getreten ist.

Die Folge dieser Runenreihe, mit „|" beginnend, im
Uhrzeigersinne gelesen, ergibt:

1. | = Eichelberg
= Irmin, die Ichheit des Göttlichen im
All

2. ↑ = Mahlberg
= Wirken der Urkraft

3. ⅄ = Moosbronn
= Kausalgesetz

4. ∏ = Bernstein
= Geburt und Vollendung

5. ß = Bernbach
= lebendige Natur im ewigen Kreislauf ✦.

160

6. ✳ = Hardscheuer

         = umschloffene Lebenskraft (Namensdeutung Hardscheuer: die Waltung des Aithar, der von Urzeiten her den Urstoff der göttlichen Willenskraft und Macht entsprechend ordnet und erleuchtet)

7. ▷| = Dobel

         = Energie (ordnungskündendes Offenbarungstum)

8. ·| = Herrenalb

         = Gotteskraft (h'ar-al-ba) das „ | "

         als Träger des ✡

9. ⌐ = Lautenbach

         = das „Al" (Erzeugung der aus der Erde geborenen Lebenskraft)

10. ⴕ| = Grafensprung

         = Lebensvollendung

11. ⵢ = Müllenbild

         = Macht, Magie (aus verborgenem Wiffen quillt das Licht der Erkenntnis)

12. ℝ = Lichtental

         = Rechter Wille (Kloster der Maria Ar gleich Rit = ℝ)

13. ⅂ = Gostal

         = göttliche Ordnungskraft

14. ⴈ = Sinzheim

         = göttliche Ordnung

15. ⅄ = Aburg

         = Seelenkraft

16. ⊦ = Rartung

         = Können (das Können der Sturmkraft im Aether)

161

17. ✝ = Zaun-Eberstein
     = göttliches Gesetz der Ehe

18. ⊢ = Förch
     = Zeugungs- und Schöpferkraft.

In diesen achtzehn Zeichen ist ein Lebensgesetz verborgen, nämlich das Gesetz der Erlösung des Menschen durch die Geistestat zur Vollkommenheit. Es lautet:

„|" Allvater, Irmin wirkt in seiner Kraft ⊤ durch das notwendende ⋏ Gesetz des Geschehens aus Ursache und Wirkung. Die Vereinigung der ersten Fyr (vier) ⋂, des Geistigen mit dem Körperlichen gebiert ß den ewigen Kreislauf der Natur ✩. In ewiger Wiedergeburt ✡ aus der Vereinigung der wirksamen Kräfte ⋇ des Lebens erwirkt die Tat ▷ des Weltengeistes aus Gottes Kraft und Macht ⊣ das Gesetz der lauteren Einheit ⎾, der Eigenschaften, die zur Lebensvollendung ⊔ im Menschen ⋎ führt. Der rechte Wille Ɽ des Mannes zum vollendeten Wirken in der göttlichen Ordnung ⅂ führt zum sieghaften Menschentum ⅃. Aus der vollkommenen Seelenkraft des Weibes ⊥ wirkt der Könnende ⲅ im göttlichen Gesetz der Ehe ✝ durch die Zeugungskraft ⊢ zur Vollkommenheit.

Aus der stofflichen Zwölfheit wird durch Einfügen der Vokale und der Rune ⊔ folgende erweiterte Reihe gebildet:

162

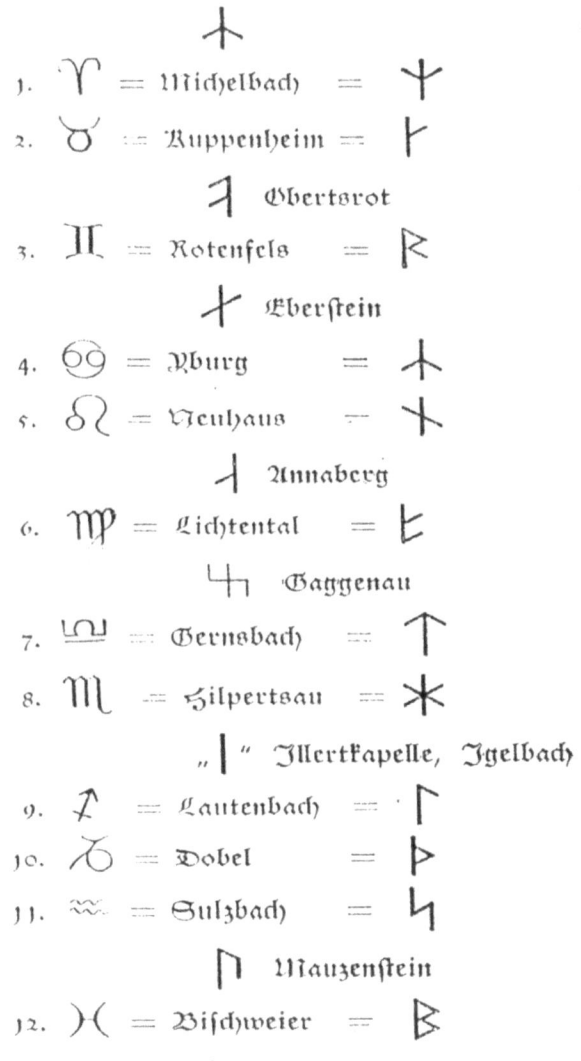

$$\mathcal{f}$$

1. Υ = Michelbach = Y

2. $\hspace{0.4em}$ = Kuppenheim = F

$\hspace{3em}$ $\mathcal{F}$ Obertsrot

3. $\mathrm{I\!I}$ = Rotenfels = R

$\hspace{3em}$ $\mathsf{+}$ Eberstein

4. 69 = Yburg = $\mathsf{\wedge}$

5. $\mathcal{S\!l}$ = Neuhaus = Y

$\hspace{3em}$ $\mathsf{\dashv}$ Annaberg

6. $\mathrm{m\!p}$ = Lichtental = E

$\hspace{3em}$ $\mathsf{4}$ Gaggenau

7. $\underline{\Omega}$ = Gernsbach = $\mathsf{\uparrow}$

8. m = Hilpertsau = $\mathsf{\ast}$

$\hspace{3em}$ „I" Illertkapelle, Igelbach

9. $\mathcal{f}$ = Lautenbach = $\mathsf{\Gamma}$

10. $\mathcal{\sqrt{o}}$ = Dobel = P

11. $\approx$ = Sulzbach = $\mathsf{4}$

$\hspace{3em}$ $\mathsf{\Pi}$ Mauzenstein

12. $\mathcal{)(}$ = Bischweier = B

Dabei wird $\mathsf{+}$ durch $\mathsf{+}$ ersetzt, dann die vier Vokale gleichmäßig verteilt und der Gegensatz $\mathsf{+}$ zu $\mathsf{4}$ auf die Mittellinie angeordnet, dann ergibt sich folgende Reihe, diesmal im Gegenzeigersinn, der tatsächlichen Drehung der Erde entsprechend:

1. ↑ = Irmin, vergl. Irminful an der Sophienhütte
am Eichelberg, Ort Muggensturm, mu-og-sturm,
das Eingehüllte offenbart sich im Sturm, also
Irmin im Sturm

2. ⊦ = Kuppenheim

3. ⊣ = Oberndorf

4. R = Rotenfels

5. ✕ = Ebersteinburg

6. ⅄ = Neuhaus (heute Vorort von Baden-Baden)

7. ⊣ = Annaberg

8. ⊨ = Lichtental (Tal der lichten Fee Oftera)

9. ⅄ᛏ = Gernsbach, zusammengezogen aus ⅄ und ↑,
Gibor und Giri gleich gi-bor-ri = der reiche
Allgeber. Gernsbach heißt im Volksmund
Giersbach, in alten Urkunden Genresbach, also
Gabenreichsbach. (Wegen Gier vergl. Seite 207)

10. ✳ = Hilpertsau

11. „ | " = Illertkapelle

12. ⌐ = Loffenau

13. ▷ = Dobel

14. ↳ = Sulzbach

15. ∏ = Ober-Weier

16. ß = Bischweier.

Die Gesetzmäßigkeit der Reihe ist jetzt leicht erkennbar.
ᛉ und Ͱᛉ stehen als Gegensatz einander gegenüber. Die
Wagerechte ist im Osten durch ▷, die Tat, eingenommen,
der als Gegenstück ↑, das göttliche Gesetz des Wirkens,
gegenübertritt. Diese nimmt die kleine Spannung ↗ und
↗ als Dreiheit zur Seite, denen gegenüber sich die Ergän-
zungen „ | " und ∏ anordnen. Die Vierheit der Selbstlaute
beherrschen dann die Diagonalen. (Siehe Skizze).

Wenn wir diese Reihe im Innern der Tyrkreiszeichen,
s. Skizze, ausdeuten, so erhalten wir:

1. ᛉ = der Einzige = Irmin, der hohe Himmelsfürst

2. ᚠ = sein Tun = das Können des allmächtigen
Schöpfers

3. ↗ = sein Wirken = die Ordnung der Gotteskraft

4. ᚱ = sein Wille = der Welten Gesetz

5. ↑ = ☆ = das Wirkungszeichen der ewigen
Gotteskraft

6. ↑ = ✡ = die Offenbarung des Ursprungs
alles Lebens

165

7. ⌐ = ☉ = Machtzeichen der Gotteskraft
im Leben = Schicksalszwang

8. ᛒ = die göttliche Zeugungskraft

9. ᚤ = der reiche Allgeber

10. ✳ = | ᛡ ᚴ = das rechte Lebensheil

11. „|" = die Einheit des Lebens in göttlicher Ordnung

12. Γ = die rechte Lebenstat bildet die Eigenschaften

13. Þ = das Wirken der vollendeten Geistestat

14. ᚴ = die vollkommene Ordnung des Gottesreiches

15. ᚾ = das Vollendungszeichen der Gotteskraft im Menschen

16. ᛒ = die vollendete Wiedergeburt im Kreislauf des Lebens.

Zusammengefaßt lautet die Reihe:

„Irmin, der hohe Himmelsgott, ist der allmächtige Schöpfer, der Erhalter und Ordner, dessen unerforschlicher Wille der Welten Gesetz ist.

„Aus der Offenbarung seines Tuns, dem Schicksals- zwang und seiner Macht, schuf der reiche Allgeber das | ᛡ ᚴ das Heil der stofflichen Welt, den Ausdruck seiner Wesenheit.

„Er herrscht im All durch seinen Gedanken, welcher die Erscheinungen formt, sein göttliches Tun erzeugt die Ord- nung aus seinem Geiste zu einem vollkommenen Leben."

Hier haben wir die Vorlage zu dem sogenannten aposto- lischen Glaubensbekenntnis, wie wir durch Vergleich ohne weiteres feststellen können. Es lautet:

Ich vertraue Allvater Irmin, gleichbedeutend mit dem „El Eleion", dem Gott des Lichts, den Jesus am Kreuz anrief.

ᛉ = Ich glaube an
Gott, den Vater,

Schöpfer, Erhalter und Ordner,

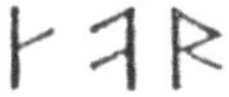 = Schöpfer Himmels und der Erde,

dessen Wille der Welten Gesetz ist.

 = 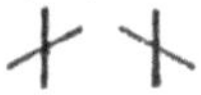 = den Allmächtigen.

Er wirkt das Heil der Welt durch das lichte Zeichen der vollkommenen Gotteskraft.

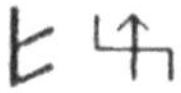 = den Allmächtigen

Aus dem Eis der Winternacht offenbart sie sich im Hervorbrechen des , der Wintersonnenwende, dem Weihnachtsfest oder angenommenen Geburtsfeste Jesu.

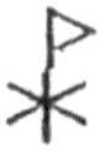 = und an Jesum Christum,

Aus der Offenbarung seines Tuns und seiner Macht zeugte der reiche Allgeber das 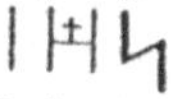, den Ausdruck seiner Wesenheit im folgenden Lebensumschwung:

☉ = Gottes eingeborenen Sohn,

Die Sonne tritt in das Haus des Krebses, gleichwertig mit dem Haus des Mondes. Der Mond ist aber der hehre Mondgott, „Herimann, auch ahrimann" genannt. Heri-mann = Herremein

♋ = Unsern Herrn

Die Sonne tritt in das Haus des Löwen, der kräftigen Lebensgestaltung im August. Die Knospe fürs nächste Jahr wird zum Leben erweckt.

♌ = der empfangen ist vom heiligen Geist,

Die Sonne tritt in das Haus der Jungfrau, September, die Knospe und der Blütenansatz fürs nächste Jahr zeigt sich.

♍ = geboren von der Jungfrau Maria,

Die Sonne tritt in das Haus der Waage, das Zeichen des Gerichts. Oktober — Ernte.

♎ = gelitten unter Pontio Pilato,

Die Sonne tritt in das Haus des Skorpion = der Todesstachel für die Natur im November.

♏ = gekreuzigt,

Die Sonne tritt in das Haus des Schützen = die Lebensenergie wird gebrochen im Dezember.

♐ = gestorben

Die Sonne tritt in das Haus des Steinbock. Die Wintersonnenwende, die Sonne ist in den nördlichen Ländern unsichtbar im Januar.

♑ = und begraben,

Die Sonne tritt in das Haus des Wassermann, ihre Kraft ist eingeschlossen in die Urne des Wassermann im Februar.

♒ = niedergefahren zur Hölle,

Die Sonne tritt in das Haus der Fische, das dritte Haus oder Zeichen nach dem Schützen. Das neue Leben bricht im März hervor.

♓ = am dritten Tage wieder auferstanden von den Toten,

Die Sonne tritt in das Haus des
Widders, dem erhöhten „Ar-
nion" der Offenbarung, der Neu-
beginn des Lebens im April.

Υ = aufgefahren gen
Himmel

Die Sonne tritt in das Haus des
Stieres, dem Zeichen der ver-
siofflichten Gotteskraft des her-
vorbrechenden Lebens im Mai.

Ω = sitzend zur Rechten
Gottes

Die Sonne tritt in das Haus der
Zwillinge im Juni. Das Haus
des Rechtswahrers.

II = zu richten die
Lebendigen und
die Toten.

Das nächste Zeichen, in das die Sonne tritt, ist wieder
das Zeichen des $\mathfrak{S}$ Krebses oder die Sommersonnen-
wende. Dieses ist verkörpert im | |±| ⤵ , der vollkom-
menen Ausprägung der Lebenskraft im Juli, soweit der
Nordländer in Frage kommt. Beim Weiterschreiten beginnt das ganze Spiel des Jahresumschwungs von neuem
im ewigen Kreislauf.

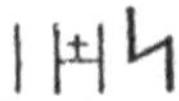

Ich weiß, daß Gott das All
durch die Einheit seines Geistes
beherrscht.

„ | " = Ich glaube an den
heiligen Geist,

Er wirkt aus der Einheit seiner
Geisteskraft, für das Christen-
tum also vollendete Wirkung
durch die „Tat" des „Geistes" in
der Kirche.

Γ = eine heilige
christliche Kirche,

Sein göttliches Tun erzeugt aus
Ursache und Wirkung die Ordnung der Welt.

$\triangleright$ = „

169

Im Menschen wirkt er durch die
Seelenkraft im Innern.

᛭ = die Gemeinschaft
der Heiligen oder
Seligen,

Er führt den Menschen aus der
Gotteskraft zur Vollkommenheit

ᚾ = Vergebung der
Sünden,

der vollendeten Wiedergeburt.
(Geburt und Tod in steter Folge
✡)

ᛒ = Auferstehung des
Fleisches und ein
ewiges Leben.

Die drei letzten Begriffe zusam-
mengenommen bedeuten „voll-
kommenes Leben" in sich immer-
vertiefender Auffassung.

Wir erkennen hieraus, daß die junge Christenheit wohl
den Wortlaut hatte, aber nichts von den darin verborgenen
Lebenskräften wußte. So wurde die symbolische Auffassung
der ursprünglichen germanischen Lebenserkenntnisse in die
absolute Form des „Bekenntnisses" gepreßt und in die Zeichen des Tyrkreises die wirksamen Phasen im Leben Jesu
hineingelegt. Alles Unverständliche wurde verballhornt wie
z. B. der Ersatz von „vollendete Wiedergeburt" durch „Auferstehung des Fleisches".

Das apostolische Glaubensbekenntnis wird damit für
uns Deutsche als germanisches Erbgut erkannt. Es ist eine
Ueberleitung und Umdeutung des 3. Jahrhunderts n. Chr.
Das Original war schon mindestens 1500 Jahre früher in
Deutschland Gemeingut der Gebildeten (diese Behauptung
ist mit voller Absichtlichkeit gebracht). Außerdem ist die
Weisheit unserer Vorfahren in hohem Maße verderbt worden durch Personifizierung am unrechten Ort, das lehrt der
Augenschein. Man erkennt klar, welches das bessere Vorbild
war. Es sind im apostolischen Glaubensbekenntnis zwei
Reihen zusammengekuppelt: Das Gesetz der Runen umschließt das Gesetz des Himmelsumschwungs. Nun wurde
das Gesetz des Himmelsumschwungs personifiziert und darin
Jesus und sein Lebensablauf hineingeheimnist. Dadurch entstanden für den denkenden Menschen allerhand unglaubhafte

Begriffe, deren Tatsächlichkeit bei richtiger Erkenntnis der zugrunde liegenden Tatsachen sich von selbst erklärt.

Wir erkennen ferner, daß es der „Kirche" seinerzeit leicht gewesen sein müßte, Deutschland zu „bekehren", wenn es ihr gelungen wäre, die vorhandenen Grundlagen im deutschen Geistesleben zu ihren Zwecken umzudeuten. Aber unsere Vorfahren durchschauten den Trick und lehnten sich deshalb immer gegen die „Kirche" auf.

Auch beim „Vater Unser" kann man ähnliche Zusammenhänge feststellen. Es beruht auf dem Futhork. Dieser lautet:

1.	ᛚ	= Schöpferkraft
2.	ᚾ	= Chaos im Ur
3.	ᚦ	= die Geistestat
4.	ᚨ	= die Ordnungskraft
5.	ᚱ	= der Wille
6.	ᚴ	= das Können, die Erhaltung
7.	✳	= die Kraft zum Hervorbringen
8.	ᛉ	= des Gesetz des Geschehens
9.	„|"	= der erhabene Himmelsfürst
10.	⅃	= Gottes Kraft und Macht
11.	ᛐ	= die geistige Sonne als Ordnung
12.	ᛏ	= die Wirkung des Göttlichen
13.	ᛒ	= die ständige Wiedergeburt des Lebens
14.	ᚱ	= das Allebensgesetz, der Gedanke
15.	᛿	= die Vollendung des Planes im Manne
16.	ᛉ	= die Seelenkraft im Weibe
17.	ᚷ	= das göttliche Gesetz
18.	ᛊ	= die Lebensvollendung.

Von den Runen des Himmels und der Erde

In der exoterischen Astrologie dreht es sich

1. um Stoffwerte, Ortswerte = Planeten
2. um Bahn= und Zeitwerte = Zodiakalkreis und Zeichen
3. um Winkelwerte = Aspekte.

Unter die Stoffwerte fallen:

Die Planeten

☉ = Sonne	♀ = Venus	♄ = Saturn
☽ = Mond	♂ = Mars	⛢ = Uranus
☿ = Merkur	♃ = Jupiter	♆ = Neptun
	♁ = Erde	

Unter die Ortswerte fallen: ☊ aufsteigender Mondknoten, ☋ ab= steigender Mondknoten, ✳ Frühlingspunkt.

Als Bahnwert kommt in Frage der Kreis, in dem die Sonne sich bewegt und die Planeten (außer dem Mond) auch. Diese Bahn ist ein Kreis, der sog. Tierkreis. Er hat wie jeder Kreis 360 Grad. Das Zwölftel dieses Kreises (mit 30 Grad) wird als Tierkreis z e i c h e n bezeichnet.

Ein Tierkreiszeichen galt in alter Zeit für einen Monat. Heute liegen die Monatsanfänge aber nicht mehr an der Grenze zweier Zeichen wie einst.

Die einzelnen Sonnenkreis=Abschnitte haben folgende Namen, vom Frühlingspunkte ab gemessen:

♈ = Widder	darin die Sonne 1930 vom					21. März	—	20. April
♉ = Stier	"	"	"	"	"	21. April	—	21. Mai
♊ = Zwillinge	"	"	"	"	"	22. Mai	—	21. Juni
♋ = Krebs	"	"	"	"	"	22. Juni	—	23. Juli
♌ = Löwe	"	"	"	"	"	23. Juli	—	23. August
♍ = Jungfrau	"	"	"	"	"	24. Aug.	—	23. Septbr.
♎ = Wage	"	"	"	"	"	24. Sept.	—	23. Oktbr.
♏ = Skorpion	"	"	"	"	"	24. Okt.	—	22. Novbr.
♐ = Schütze	"	"	"	"	"	23. Nov.	—	22. Dezbr.
♑ = Steinbock	"	"	"	"	"	23. Dez.	—	20. Januar
♒ = Wassermann	"	"	"	"	"	21. Jan.	—	19. Febr.
♓ = Fische	"	"	"	"	"	19. Febr.	—	20. März

Wer in den entsprechenden Tagen geboren ist, hat im Allgemeinen die Sonne in dem entsprechenden Zeichen. Das gilt für jedes Jahr.

Im Allgemeinen wirkt die Sonne in diesen Abschnitten auf das Wesen der Geborenen mit folgendem Resultat.

♈ **Widder**, lat. Aries, ein Feuerzeichen. Wesen: Willenskräftig, bewußt.

♉ **Stier**, lat. Taurus, ein Erdzeichen. Wesen: Standhaft, liebevoll, arbeitsam.

♊ **Zwillinge**, lat. Gemini, ein Luftzeichen. Wesen: Beweglich, intellektuell.

♋ **Krebs**, lat. Cancer, ein Wasserzeichen. Wesen: Mystisch, sorglich, mütterlich, einteilend.

♌ **Löwe**, lat. Leo, ein Feuerzeichen. Wesen: Schönheitsliebend, stolz, temperamentvoll.

♍ **Jungfrau**, lat. Virgo, ein Erdzeichen. Wesen: Analysierend, kritisch, empfindsam.

♎ **Wage**, lat. Libra, ein Luftzeichen. Wesen: Zurückhaltend, liebevoll, konstruierend, herb.

♏ **Skorpion**, lat. Scorpio, ein Wasserzeichen. Wesen: Energisch, bewußt, ehrgeizig.

♐ **Schütze**, lat. Sagittarius, ein Feuerzeichen. Wesen: Philosophisch, gerecht, religiös.

♑ **Steinbock**, lat. Capricornus, ein Erdzeichen. Wesen: Zähe, praktisch, ehrgeizig, ernst.

♒ **Wassermann**, lat. Aquarius, ein Luftzeichen. Wesen: Lebhaft, erfinderisch, intuitiv.

♓ **Fische**, lat. Pisces, ein Wasserzeichen. Wesen: chaotisch, mystisch, stimmungsvoll, inspirativ.

Herrscher in diesem Zeichen sind:

in ♈ der ♂	in ♌ die ☉	in ♑ der ♄
in ♉ die ♀	in ♍ der ☿	in ♐ der ♃
in ♊ der ☿	in ♎ die ♀	in ♒ ♄ und ⚷
in ♋ der ☽	in ♏ der ♂	in ♓ ♃ und ♆

Für das Verständnis des Kalenders genügt die Einprägung folgender Aspekte:

Gute Aspekte:

△ Trigon   gleich 120 Grad,
✳ Sertil   gleich 60 Grad,
Q Quintil   gleich 72 Grad,
⩗ Halbsertil gleich 30 Grad.

Schlechte Aspekte:

□ Quadrat   gleich 90 Grad,
☍ Opposition   gleich 180 Grad,
∠ Halbquadrat   gleich 45 Grad,
⚼ Eineinhalbquadrat gleich 135 Grad.

Neutrale, aber sehr starke Aspekte sind:

☌ Konjunktion oder Gleichschein gleich 0 Grad

P Deklinations-Parallele, das ist gleicher Abstand vom Aequator.

⫽ Breiten-Parallele, das ist gleicher Abstand von der Ekliptik.

Diese Aspekte sind günstig oder ungünstig, je nach der Art der aspektbildenden Planeten und der in Frage kommenden Belange.

Ich habe extra die Originale der Werke „Spiegelbild der Weltgeschichte" und F. B. Marbys „Runenkalender" hier in diesem Buch abgebildet, damit der Leser sieht, dass die gesamten Analogien fundiert sind und bereits in den 20ern des letzten Jahrhunderts aufgeschrieben wurden.

Weitere Bücher aus dem Christof Uiberreiter Verlag:

Das goldene Blatt der Weisheit
Seila Orienta/Franz Bardon

Zum ersten Mal in der okkulten Literatur wird die 4. Tarotkarte des Hermes Trismegistos verständlich beschrieben und offengelegt. Sie beinhaltet unbekannte Konzentrations- und Meditationsübungen. Des Weiteren gibt sie Hinweise und erklärt die Unterschiede zwischen Magie und Mystik und Gefahren des einseitigen Weges. Am Ende steht die Verbindung mit der universellen Gottheit, dem Herrn der Sonnensphäre, welcher quabbalistisch „Metatron" genannt wird.

*

5. Tarotkarte – Mysterien des Steins der Weisen
Seila Orienta/Franz Bardon

Dieses Buch stellt die Vorderseite der Alchemie dar, die die einzelnen praktischen Übungsschritte erklärt, ohne die verschlüsselten Mystifikationen der alten Alchemisten auch nur annähernd zu erwähnen, wie man es aus den anderen Büchern des Franz Bardon kennt. Es wird erklärt, dass ohne vollkommene Beherrschung der 4 Elemente keine Alchemie möglich ist. Des Weiteren wird mit den einzelnen Ebenen, mit den Matrizen, dem elektromagnetischen Fluid usw. gearbeitet. Doch den Hauptpunkt stellen die göttlichen Eigenschaften wie z. B. die Allmacht dar, mit denen der Göttliche Stein der Weisen durch gewisse Übungen geladen wird.

*

Talismanologie und Mantramkunde
Seila Orienta/Franz Bardon

Zum ersten Mal werden hier (magisch) geladene Mantrams – Gebetssätze – preisgegeben, welche bei nötiger Reife, Ausgeglichenheit und Reinheit durchdringende Erfolge versprechen. Mantrams sind ja nach Bardon nicht irgendwelche „Suggestionssätze", sondern sie sind Ideenausdrücke, mit denen man mit Mächten, Kräften, Eigenschaften, also Gottheiten, in Verbindung kommen kann. Gleichzeitig werden die dazugehörigen Siegelzeichen der göttlichen Ideen preisgegeben, welche im rituellen

Zusammenhang mit den Mantrams stehen. Ein Buch, das nicht nur die Hermetiker, sondern auch die Anhänger der Yogawissenschaften inspirieren wird!

*

Eine Sammlung der schönsten und lehrreichsten Beschwörungsgeschichten
Hohenstätten

Dieses Buch ist einzigartig, denn es zeigt den zweiten Band von Franz Bardon an Hand von interessanten Evokationsberichten, die genau das bestätigen, was Bardon in seinem Buch geschrieben hat, und noch darüber hinaus. Es werden sensationelle Erlebnisse geschildert, die man sonst niemals findet. Auch aus unveröffentlichten Schriften wird zitiert.

*

Verkörperungen des Meister Arion
Hohenstätten

Man wird beim Lesen dieses Buches nicht glauben, wie viele bekannte und unbekannte Inkarnationen Franz Bardon hatte. Die paar, die im „Frabato" bekannt gegeben wurden, stellen nur einen geringen Teil seiner Verkörperungen dar. Wir mussten, da es dermaßen wenig Literatur über die Verkörperungen gab, wieder Hunderte und Aberhunderte von Büchern, Aufsätzen, Zeitschriften und Artikeln durcharbeiten, bis wir genügend Material für dieses Buch hatten. Aber der Leser wird sich beim Lesen sicherlich über unsere Arbeit freuen, denn sie wird ihn in Erstaunen versetzen!

*

Shamballa, der goldene Tempel des Lichts
Hohenstätten

Dieser Tempel dürfte jeden Leser von Bardons Roman „Frabato" fasziniert haben. Dass es aber in der okkulten Literatur noch viel mehr Informationen darüber gibt, die man aber nur findet, wenn man alles Veröffentlichte gelesen hat, dürfte dem einen oder anderen unbekannt sein. Es wurden wieder ganze Stöße von Büchern durchgesehen und das Ergebnis wird hier veröffentlicht. Es wird aber gleichzeitig darauf hingewiesen, wie viel Schundliteratur es darüber gibt, wie viel Lügen im Umlauf sind, damit sich der Schüler der Hermetik ein klares Bild machen kann. Wir bringen in diesem Buch alles, was wir an Material darüber gefunden haben, und es wird auch noch einiges aus der eigenen Erfahrung, was das Wertvollste ist, mitgeteilt. Nicht nur über den Tempel wird berichtet, sondern auch über die damit verbundene „Bruderschaft des Lichts", deren Sitz er darstellt.

*

Auf der Suche nach Meister Arion
Hohenstätten

Diese Autobiographie eines Schülers der Hermetik des Franz Bardon schildert sein magisches Leben, in welchem zahlreiche Erfahrungen zu den Übungen aus dem Adepten geschildert werden, die die Hauptperson selbst erlebt hat. Es wird der schwere Weg des Adepten aus autobiographischer Sicht gezeigt, seine vielen Tiefschläge, aber auch seine glanzvollen Seiten und Zeiten. Der harte Kampf mit dem Seelenspiegel wird bis in alle Einzelheiten aufgezeigt, genauso wie die vielen anderen Wege, in welche der Autor reinschnupperte, um dadurch reichlich Erfahrung sammeln zu können. Darüber hinaus enthält es unzählige Erfahrungen und Berichte betreffs Mantramistik nach Bardon, die wahre Runenmagie, zahlreiche Evokationen sowie Invokationen mit seinem Lehrer Anion, einen magischen Exorzismus, wie er bisher noch nie öffentlich geschildert wurde. Mentalreisen, Beeinflussungen, Übungen zur Gottverbundenheit, Erscheinungen, Alchemie, Heilungen mit den verschiedensten magischen Methoden z. B. Quabbalah oder durch die Elemente, Schutzgeistevokationen und viele andere magische „Wunder" seines Freundes und Lehrers Anion. Auch einige magische Fotos in Farbe, ein bisher von Bardon unveröffentlichtes Akashafoto von Christus und ein Bild des schwebenden Meister Arion werden in diesem Buch preisgegeben. Der Inhalt ist viel reichlicher, als hier kurz beschrieben werden kann.

*

Magisches Gleichgewicht
Hohenstätten

Dieses Buch zeigt eindeutig, dass in allen anderen Systemen das „Gleichgewicht" genauso gebraucht wird, wie bei Bardons Werken. Er war nicht der Einzige, der das erwähnte, aber er war der erste, der es deutlich erklärte, denn die anderen Systeme sprachen nur durch das Symbol, welches nicht jedem Leser verständlich war. Obendrein bringen wir noch Unveröffentlichtes vom Meister Arion zu dieser Grundlage der magischen

Entwicklung.

*

Das Leben und die Erfahrungen eines wahren Hermetikers
Seila Orienta

Diese Autobiographie eines Magiers ist unübertroffen, denn bis jetzt hat kein einziger okkult Geschulter so offen und ehrlich gesprochen wie Seila Orienta. Er gibt in diesem Werk sein Leben bekannt, sowie seine zahlreichen und äußerst interessanten Erlebnisse und Erfahrungen. Es werden auch zum ersten Mal Fotos von Wesen der Sphären gezeigt, welche Franz Bardon höchstpersönlich in den 1920ern gemacht hat. Des Weiteren schreibt Seila Orienta über die Sphären, über Dämonen, Logenkontakte und vieles, vieles mehr, was einem ehrlich strebenden Hermetiker das Herz übergehen lassen wird.

*

Das Leben des Franz Bardon
Hohenstätten

Dieses Buch beschreibt das Leben des Meisters außerhalb des Frabatos, welches seine Sekretärin – Otti V. – geschrieben hat. Es beinhaltet Erklärungen zu seiner „Biografie", weitere Einzelheiten über den Kampf mit der FOGC, seine Beziehung zu Wilhelm Quintscher und anderen Okkultisten, was alles bisher unbekannt war! Des Weiteren werden viele Erlebnisse seiner Schüler in Prag erzählt, verschiedene magische Leistungen und interessante Geschichten Bardons beschrieben, die bis dato unveröffentlicht sind. Es werden auch seine drei Lehrwerke und deren Wirkung auf die Öffentlichkeit von einem anderen, unbekannten Standpunkt geschildert, welcher durch bisher schwer zugängliche Schriften unterstützt wird. Als Krönung wird seine aus dem Tschechischen übersetzte „Runenschrift" zum ersten Mal veröffentlicht. Auch einige Seiten aus anderen unveröffentlichten Schriften von ihm sowie interessante Fotos des Meister Bardon und seiner Freunde werden hier preisgegeben und vieles, vieles mehr.

*

In Verbindung mit der Gottheit
Hohenstätten

Über das Thema der Gottverbundenheit mit all seinen Formen und

178

Methoden wurde bis heute noch nie ein Buch verfasst, geschweige denn eine Schrift geschrieben. Man findet in der okkulten wie in der östlichen Literatur nur spärliche Hinweise, die größtenteils verschlüsselt sind oder so geschrieben wurden, dass man sie kaum versteht. Im Gegensatz dazu wird in diesem Buch offen dargelegt, dass das 1. kleine Arkanum der 78 Tarotkarten die Gottverbundenheit in ihrer Reinform darstellt.

*

Hermetische Heilmethoden
Hohenstätten

Dieses Buch stellt in der okkulten Literatur ein absolutes Unikum dar, denn über die Gesamtheit der okkulten Heilmethoden wurde bis jetzt noch NIE etwas Sinnvolles geschrieben. Es werden alle Heilmethoden erwähnt, die der hermetische Schüler mit Hilfe seiner bisher erlangten Konzentrationsfähigkeit ausüben und verwenden kann.

*

Erste hermetische Zeitschrift

„Der hermetische Bund teilt mit" ist eine der wenigen magisch-mystischen Zeitschriften, welche sich soweit als möglich auf die universelle Lehre von Franz Bardon bezieht. Sie versucht sich an die Gesetze des 4-poligen Magneten zu halten und vermittelt Wissen sowie Hinweise für die Praxis, damit der Leser die Möglichkeit hat, sie in seinen hermetischen Weg aufzunehmen und für sich gewinnbringend zu verarbeiten.

Noch viel mehr hermetische Literatur finden Sie auf unserer Website: http://www.hermetischer-bund.com.

Viel Vergnügen beim Stöbern!

Der Verlag